Knaur

Von Josef Kirschner sind als Knaur-Taschenbücher erschienen:

»Manipulieren – aber richtig« (Band 7442)
»Die Kunst, ein Egoist zu sein« (Band 7549)
»Hilf dir selbst, sonst hilft dir keiner« (Band 7610)
»Die Kunst, ohne Überfluß glücklich zu leben« (Band 7647)
»Die Kunst, ohne Angst zu leben« (Band 7689)
»So hat man mehr Spaß am Sex« (Band 7719)
»So plant man sein Leben richtig« (Band 7720)

Vollständige Taschenbuchausgabe 1987

Umschlaggestaltung Adolf Bachmann
Druck und Bindung Ebner Ulm
Printed in Germany 5 4 3 2 1
ISBN 3-426-07719-1

Josef Kirschner:

Kirschners Lebensschule

So hat man mehr Spaß am Sex

Die sieben praktischen Regeln,
wie man das Liebesspiel spielt,
ohne viel darüber zu reden

Knaur®

ISBN 3-426-07719-1 680

Josef Kirschner, Autor der Buchreihe »Lebensschule« beschäftigt sich seit 30 Jahren mit der Frage: »Was kann jeder von uns selbst tun, um an jedem Tag seines Lebens ein Höchstmaß an persönlichem Glück und Erfolg zu erringen?«

Lebensstrategien und Verhaltenstechniken, die er seinen Lesern empfiehlt, hat er in diesen Jahren mit maximalem Erfolg an sich selbst erprobt. Er war Magazinarbeiter, Reporter, Chefredakteur. Er besuchte als Gast Henry Kissingers die amerikanische Harvard University und war Lehrbeauftragter an der Universität in Wien.

Kirschner präsentierte in der erfolgreichen österreichischen Sendereihe »Tritsch Tratsch« eine neue Form der Fernsehunterhaltung. Als er nach 50 Sendungen zum Bedauern des Publikums abtrat, meinte er: »Wenn man eine Sache zum Höhepunkt gebracht hat, sollte man nach neuen Herausforderungen suchen.«

Josef Kirschner, Jahrgang 1931, verheiratet, Vater von zwei Söhnen, lebt in Wien und auf einem kleinen Bauernhof im Burgenland. Er berät Leistungssportler, Manager und Medien. Mit Psychologen gründete er in dem Kurort Bad Tatzmannsdorf eine »Lebensschule«. Dort trainiert er in Seminaren mit den Teilnehmern das glückliche Leben im Alltag und Techniken der Problembewältigung.

Josef Kirschners Bücher wurden bis jetzt in sechs Ländern verlegt.
Gesamtauflage über zwei Millionen

Lieber Leser!

Dieser Band der Lebensschule-Serie ist eine Anleitung, Sex von einer fröhlich-spielerischen Seite zu betrachten. Und zu praktizieren. Gleichgültig, ob Sie in diesem Lebensbereich die ersten Erfahrungen sammeln oder ob Ihre sexuellen Aktivitäten schon ein wenig in eheliche Pflichterfüllung ausgeartet sind.

Ungezählte Menschen haben keine rechte Freude an Sex. Sie wissen, was sie möchten, aber sie getrauen sich nicht, es zu tun. Sie ließen sich viele Tabus, Hemmungen, Verbote und Das-tut-man-nicht anerziehen. Ständig zweifeln sie:
»Darf ich dem Partner zeigen, was ich möchte?«
»Bin ich impotent? Frigid? Mache ich mich lächerlich?«
»Soll ich meinem Partner sagen, daß er ein Versager ist? Oder soll ich weiter Befriedigung vortäuschen?«
»Bin ich gut im Bett?«
Solche Fragen stellt man sich, und die Umwelt beantwortet sie. Man erfährt, wie oft und *wie* man es tun sollte. Leistungserwartungen und Durchschnittswerte werden vorgegeben. Es wimmelt von Ratschlägen aller Art.

Wer kennt sich da noch aus?

In der vorliegenden Anleitung geht es vorwiegend um eines: Was können Sie selbst tun, um am Sex den größtmöglichen Spaß zu haben.

Zwei Voraussetzungen führen zu diesem Ziel:

- Die richtige Einstellung.
- Die richtige Strategie und Kenntnis der Spielregeln.

Es kann durchaus sein, daß manches in dieser Anleitung Sie schockiert. Etwa, daß Sie angeregt werden, Sex einmal ganz nüchtern zu betrachten und von moralischen Beschränkungen zu befreien. Oder, wenn wir Sie ermuntern, im Sex weder Mitleid noch Gleichheit gelten zu lassen.

Nur Einfaltspinsel glauben, Spaß am Sex käme irgendwie ganz von selbst.

Tatsache ist, daß nichts im Leben von selbst kommt. Nicht Fröhlichkeit. Nicht Glück. Und schon gar nicht sexuelle Befriedigung. Alles ist, wie das Leben überhaupt, ein permanentes Spiel nach erkennbaren Regeln.

Regeln, die Sie lernen können.

> Es ist zu empfehlen, daß Sie sich für die eigene Ausarbeitung der Lebensschule ein Arbeitsheft anlegen.

Die sieben Regeln, am Sex den größten Spaß zu haben:

1.

Ehe Sie das Spiel beginnen, müssen Sie genau wissen, was Sie wirklich wollen. Und Sie müssen fest entschlossen sein, es auch zu tun.

2.

Wer weiß, was er sich vom Sex erwartet, sollte die Befriedigung seiner Wünsche weder dem Zufall noch anderen Menschen überlassen. Planen Sie deshalb die Eroberung des Partners.

3.

Wenn es Ihnen gelungen ist, den Partner zu erobern, sollten Sie alle Möglichkeiten ausschöpfen, Freude und Befriedigung zu erlangen. Wenden Sie im Sex das Prinzip des dramatischen Ablaufs an.

4.

Was der Freude am Sex mehr als alles andere im Wege steht, ist die Angst in vielerlei Gestalt. Verwenden Sie deshalb die Formel: »Sex macht Spaß. Ich fürchte nichts und niemanden.«

5.

Die Voraussetzung dafür, sich Ihre Wünsche zu erfüllen, ist der Glaube daran, daß Sie es schaffen werden. Benützen Sie Ihre Phantasie, um sich den Spaß am Sex möglichst lebensnah vorzustellen – bis die Gedanken Ihr Handeln beflügeln.

6.

Beim fröhlichen Sex gibt es kein Mitleid, keine Gefälligkeit und keine Gleichheit. Spielen Sie deshalb das Liebesspiel mit der festen Absicht, es auch zu gewinnen. Setzen Sie dabei alle Mittel ein, die Sie dem Ziel näherbringen.

7.

Bei Ihrem Bemühen um fröhlichen Sex stehen Ihnen immer wieder fünf Hindernisse im Weg:

1. Die Illusion über die Liebe.
2. Das Erwartungssyndrom.
3. Der Vergleich mit anderen.
4. Die Rollenblockade.
5. Die Moral.

Setzen Sie sich damit auseinander, statt sie unbewältigt vor sich herzuschieben.

Was Sie beachten sollten, um aus dieser Anleitung den größten persönlichen Nutzen zu ziehen

Es liegt an Ihnen, ob Sie diesen Band der Lebensschule-Reihe nur lesen oder ob Sie praktischen Nutzen daraus ziehen wollen. Praktischen Nutzen, das heißt: Wenn Sie diesen Band aus der Hand legen, wissen Sie nicht nur mehr über sich und Ihre Beziehung zum Sex, Sie haben auch die ersten praktischen Schritte getan:

- Zu einer besseren Einstellung.
- Zur Anwendung geeigneter Techniken für die Überwindung von Hemmungen und Tabus.
- Zum bewußten Einsatz von Eroberungsstrategien und Befriedigungsabläufen.

Wenn Sie solche Erwartungen haben, empfehlen wir Ihnen folgendes:

Erstens:

Beschäftigen Sie sich an jedem Tag mindestens eine halbe Stunde mit der vorliegenden Anleitung.

Zweitens:

Legen Sie beim Lesen immer Schreibzeug und das Arbeitsheft bereit.

Drittens:

Lassen Sie sich durch keine Ausrede, keine Ungeduld und durch keine Zweifel davon abhalten, täglich einmal diese Anleitung zur Hand zu nehmen, bis das letzte Kapitel gelesen ist.

Beginnen Sie die Lektüre nicht mit der Einstellung: »Ich werde einmal sehen, was hier geboten wird. Wenn es auch nichts nützt, schaden kann es nicht.«

Niemand kann an seinem Leben etwas ändern, wenn er sich nicht konkret dazu entscheidet.

Entscheiden Sie sich also. Am besten gleich jetzt.

Ihre Einstellung zum Sex zu verbessern, hat nicht allein mit Ihrem zukünftigen sexuellen Verhalten zu tun. Sexuelle Befriedigung bringt Glück. Glück, das man selbst erringt, gibt Selbstbewußtsein.

Erfolg in einem Bereich unseres Lebens wirkt sich auf andere Bereiche aus.

Wer Sex nicht mehr als gefährliche, selbstaufopfernde, todernste Verpflichtung sieht, der ändert seine Einstellung auch in anderen Dingen. Er wird lockerer, distanziert sich vom Leistungsstreß, entdeckt auch in anderen Bereichen des Lebens das Spiel.

Sich selbst zu ändern, ist ein egoistisches Unterfangen.

Niemand ist in erster Linie daran interessiert, daß Sie Spaß am Sex haben. Jeder, der Ihnen sagt, was Sie tun und wie Sie es tun sollen, möchte selbst einen Nutzen daraus ziehen.

Wenn ein Mann einer Frau sagt: »Leg doch beim Sex deine Hemmungen ab, sei ganz locker«, meint er damit, sie sollte hemmungsloser sein, damit *er* mehr Spaß hat.

Sein sexuelles Verhalten neu zu überdenken heißt deshalb, sich seine Vorstellungen offen bewußt zu machen, sich dazu zu bekennen und Methoden einzuüben, mit denen man seine Erwartungen möglichst optimal erfüllen kann.

Damit kein Zweifel entsteht: Zuallererst geht es darum, daß Sie selbst den größtmöglichen Spaß am Sex haben. Das heißt:

- Sie selbst müssen etwas dafür tun.
- Sie dürfen es nicht dem Zufall oder dem Partner überlassen.
- Sie sollten sich nicht mehr danach orientieren, was »man« tut, erwartet oder darf. Sie sollten Ihre ganz persönlichen Maßstäbe aufstellen und sich dazu bekennen.

Das sollten Sie verstehen, wenn Sie aus dieser Anleitung den größtmöglichen Nutzen für sich ziehen wollen.

Erste Spielregel

Ehe Sie das Spiel beginnen, müssen Sie genau wissen, was Sie wirklich wollen. Und Sie müssen fest entschlossen sein, es auch zu tun.

Fröhliches Entspanntsein beim Sex beginnt nicht erst im Bett.

Fangen Sie jetzt damit an. Jetzt, wenn Sie diese Zeilen lesen.

Überprüfen Sie, wie Sie sitzen. Sitzen Sie bequem und entspannt?

Überprüfen Sie in Gedanken Ihren Körper. Den Kopf, den Nacken. Ist er angespannt? Entspannen Sie ihn bewußt.

Schließen Sie die Augen, heben Sie die Schultern, lassen Sie sie wieder fallen, atmen Sie dabei aus und denken Sie: »Ganz locker. Ich bin ganz locker.« Dann prüfen Sie die Wirbelsäule, die Arme, die Beine.

Sitzen Sie entspannt? Ist auch Ihr Gesicht entspannt? Entspannen Sie es bewußt.

Wissen Sie, was uns so oft daran hindert, an einer Sache Freude zu haben? Es ist unsere Ungeduld, die Verkrampfung, die Hast, mit der wir den wirklichen Lösungen aus dem Wege gehen. Wir können nichts im Leben genießen, wenn wir uns nicht die Zeit dazu nehmen. Wenn wir uns nicht in die Sache versenken. Uns von allen anderen Dingen freimachen, damit wir aus dieser einen Sache, die wir gerade tun, das beste machen können.

Deshalb ist es wichtig, daß Sie gleich jetzt, beim Lesen der ersten Seiten dieses Bandes, ganz bewußt das Entspannen üben.

Schieben Sie diese Aufgabe nicht einfach beiseite, indem Sie sagen: »Ja, ja, das mache ich dann später, jetzt will ich erst einmal weiterlesen.«

Nicht das Lesen ist für Sie von Nutzen, sondern das, was Sie während des Lesens für die Praxis Ihres Lebens lernen.

Es wäre ein außergewöhnlicher Erfolg für Sie, wenn es Ihnen gelänge, schon beim Lesen dieser ersten Seiten das bewußte Entspannen zu lernen.

Denken Sie jetzt ein wenig über folgende Behauptung nach: »Wenn Sie liegen, stehen Sie. Wenn Sie stehen, gehen Sie. Wenn Sie gehen, sind Sie schon am Ziel. Alles machen Sie nur mit halber Freude.«

Fühlen Sie sich betroffen?

Oder trifft das auf Sie nicht zu?

Ungezählte Menschen denken beim Arbeiten ans Essen. Das lenkt sie von der Arbeit ab. Und sie denken beim Essen schon wieder an ihre Arbeit. Manche Leute veranstalten sogenannte Arbeitsessen. Dabei wird ihnen oft gar nicht bewußt, welche Speisen sie zu sich nehmen. Es versteht sich von selbst, daß sie an so einem Essen keine Freude haben können.

Wenn manche Menschen einen Partner lieben möchten, vielleicht nicht gerade im Schlafzimmer, sondern im Auto, im Wohnzimmer oder irgendwo im Freien, tun sie es nicht einfach. Sie blicken zurück auf das, was man ihnen irgendwann einmal eingeprägt hat: »So etwas tut man doch nicht.« Oder sie blicken voraus und überlegen: »Es wäre schrecklich, wenn uns dabei jemand erwischte.«

Gleichgültig, ob Sie nun tun, wonach Ihnen in diesem Augenblick zumute ist, oder nicht – wenn Sie es mit halber Konzentration tun, haben Sie auch nur die halbe Freude daran. Die andere Hälfte gehört den Ängsten und Zweifeln.

Das Beste aus dem zu machen, was wir machen möchten, setzt deshalb voraus, daß wir uns freimachen von dem, was uns die Freude vergällt.

Was uns die Freude am meisten vergällt, sind die Zweifel, Ängste und Schuldgefühle.

In einem Wochenend-Seminar der Lebensschule für Partner schrieb nach einer ausführlichen Gruppendiskussion eine 36 Jahre alte Ehefrau auf ihren Notizblock:

»Noch nie ist mir so bewußt geworden wie hier, was ich alles denke, während ich mit meinem Mann intim bin:

- Ich hoffe, ich komme diesmal zu einem Orgasmus.
- Bin ich gut? Ich möchte eine gute Liebhaberin sein.
- Hoffentlich merkt er nicht, daß ich heute eigentlich gar keinen Spaß dabei habe. Oder ist das nur eine Ausrede vor mir selbst?
- Wir hätten ein viel längeres Vorspiel haben sollen. Aber *er* hat zu wenig Geduld. Ich möchte wissen, ob das bei anderen Männern auch so ist. Ich habe überhaupt viel zu wenig Erfahrung in diesen Dingen.
- Er ist nicht mehr richtig zärtlich. Früher war das anders.«

Später kommentierte diese Ehefrau ihre Notizen so: »Wenn ich mir jetzt bewußt mache, woran ich dachte, während ich eigentlich nichts anderes wollte als Glück und Befriedigung beim Beisammensein mit meinem Mann, dann finde ich das verrückt. Alle diese sinnlosen Gedanken haben mich von dem abgelenkt, was ich erreichen wollte.«

Dann sagte sie den Satz: »Wenn ich die Energie nicht für Ängste und Zweifel eingesetzt hätte, sondern dafür, mich auf den Sex zu konzentrieren, wäre ich glücklich gewesen.«

Mit anderen Worten: Zweifel und Ängste nahmen ihr die Freude am Sex. Sie war verkrampft. Sie nörgelte in Gedanken am Partner herum, statt selbst etwas zu ändern. Im Grunde genommen wußte sie gar nicht, was sie wirklich wollte.

Kommen wir also zur ersten Spielregel für glücklichen Sex. Sie lautet: »Ich muß mir bewußt machen, was ich will, was mich befriedigt. Und ich muß mich dazu bekennen.«

Nehmen Sie jetzt Ihr Arbeitsheft zur Hand und schreiben Sie auf ein freies Blatt die Frage:

»Wie stelle ich mir meine sexuelle Befriedigung vor?«

Beantworten Sie diese Frage.

Lassen Sie sich Zeit.

Kramen Sie aus Ihrer Phantasie Ihre sexuellen Wünsche hervor. Auch solche, die Sie jahrelang verdrängt haben, weil »man so etwas nicht einmal denken soll«.

Es kann durchaus sein, daß es Gründe gibt, den einen oder anderen Ihrer geheimen Wünsche nicht zu realisieren. Jetzt aber geht es nicht um die Verwirklichung, es geht vorerst um die Bewußtmachung.

Machen Sie eine Inventur Ihrer sexuellen Wünsche.

Holen Sie auch all das aus den Nischen Ihres Unterbewußtseins hervor, was Sie verdrängt haben, weil es »nicht sein darf«. Machen Sie sich hier und jetzt umfassend bewußt, wie Sie zur Sexualität stehen.

Vielleicht stellen Sie sich zuallererst die Frage: »Waren eigentlich meine bisherigen sexuellen Beziehungen für mich befriedigend?«

Gehen Sie nicht über diese Frage hinweg. Geben Sie sich auch nicht mit einer Antwort zufrieden wie: »Na ja, eigentlich ist daran nichts auszusetzen.«

Seine Einstellung zum Sex zu klären, um daraufhin sein Verhalten zu verändern, sollte mit klaren Antworten auf offene Fragen beginnen.

Nehmen Sie sich deshalb die erforderliche Zeit, um diese Frage klar und eindeutig zu beantworten: »Waren meine bisherigen sexuellen Beziehungen befriedigend?«

Scheuen Sie sich nicht vor ernüchternden Erkenntnissen.

Eine Teilnehmerin des erwähnten Lebensschule-Seminars gestand sich selbst ein: »Meistens, wenn ich mit meinem Mann beisammen war, schlief er nachher sofort ein, und ich mußte mich selbst befriedigen. Ich sah darin nichts Falsches. Jetzt aber wird mir bewußt, daß es nicht das ist, was ich mir eigentlich vom Sex erwarte.«

Schreiben Sie also alle Ihre Vorstellungen in Ihr Arbeitsheft.

Aus folgenden drei Gründen ist es von Vorteil, wenn Sie diese Selbstanalyse schriftlich machen:

1. Das Aufschreiben zwingt Sie, Gedankengänge zu Ende zu denken. Nur darüber nachzudenken verführt uns leicht dazu, einer unangenehmen Erkenntnis auszuweichen. Unsere Gedanken kommen vom Thema ab, verlieren sich. Wir wissen bald nicht mehr, womit wir uns eigentlich beschäftigen wollten.
2. Das Aufschreiben ist ein motorischer Befreiungsvorgang. Wer sich »etwas von der Seele schreibt«, erleichtert sich damit.
3. Was schriftlich festgehalten ist, können wir später besser überprüfen. Wir wissen, wie weit wir bei der Lösung eines Problems gekommen sind und wo wir den nächsten Gedanken ansetzen müssen.

Das sind einige der Vorteile des Aufschreibens.

Kehren wir also zurück zur Frage, wie Sie sich Ihr Sexualleben vorstellen, welche sexuellen Wünsche Sie haben und welche Sie verdrängen.

Schreiben Sie Punkt für Punkt auf, was Ihnen dazu einfällt.

Es geht darum, eine Inventur Ihrer Vorstellungen zu machen, eine ungeschminkte Inventur.

Viele Menschen führen ein unbefriedigendes Sexualleben, weil sie sich selbst belügen. Sie fragen sich nie: »Was will ich beim Sex?«, sondern gehen immer nur davon aus: »Was muß ich tun, um den allgemeinen Vorstellungen zu entsprechen?« Sie gehen von den vorgegebenen Rollenvorstellungen aus: »Das tut eine Frau«, bzw. »Das tut eine Frau nicht«. Oder »Das erwartet die Frau von einem richtigen Mann«.

Vergessen Sie solche Rollenvorstellungen, die »man« für richtig hält, und schreiben Sie auf, was *Sie* möchten und *wie* Sie es möchten.

Noch etwas: Kaum ein anderes Thema wird mit so viel Heuchelei betrachtet wie das Thema Sex. Illusionen werden mit der Realität vermischt. Ersatzbefriedigung wird als Befriedigung ausgegeben. Vorbilder werden konstruiert, denen Millionen nachzueifern versuchen, obwohl sie unerreichbar sind.

Betrachten Sie Sex bei Ihrer Selbstanalyse realistisch.

Lesen Sie hier, zu welchen Überlegungen der Teilnehmer eines Lebensschule-Seminars kam, als er zum erstenmal in seinem Leben im Alter von 51 Jahren einen Versuch der Selbstanalyse unternahm:

»Ich wollte ungezählte Male in meinem Leben mit Frauen ins Bett gehen, aber ich tat es nicht, weil ich dachte: Ich liebe sie ja nicht. Natürlich habe ich dann auch mit vielen Frauen geschlafen, die ich nicht liebte. Manchen habe ich Liebe vorgegaukelt. Das heißt, ich wollte mir damit selbst einreden, daß es

Liebe ist. Es war aber nur Heuchelei, die bei mir regelmäßig Schuldgefühle hervorrief, die einem natürlichen Verhältnis zum Sex im Wege standen.«

Und weiter: »Jetzt, wo ich ganz nüchtern diese Frage überdenke, fällt es mir nicht mehr schwer, mir selbst gegenüber zuzugeben, daß Sex viele Vorteile hat. Nach einem befriedigenden Geschlechtsverkehr schläft man beispielsweise besser ein, als wenn man unbefriedigt im Bett liegt und von sexuellen Phantasien gequält wird.«

Er stellte auch fest: »Weil Streit in einer Partnerschaft ja meistens von Gefühlen überlagert ist, ist Sex ein wirksames Mittel, einen Streit zu beenden. Sex ist die Beendigung einer Auseinandersetzung mit geeigneteren Mitteln.«

Er kommt zu dem Schluß: »Mir ist klar geworden, daß wir Sex als einen selbstverständlichen Bestandteil unseres Alltags betrachten sollten. Wir sollten aufhören, uns tausend Fragen zu stellen und lange darüber zu reden. Sex hat nur eine einzige Funktion: Daß man es tut, wenn man es tun möchte.«

Es kann durchaus sein, daß Sie bei dem Bemühen, Ihre eigene Beziehung zum Sex hier schriftlich zu klären, mancherlei Schwierigkeiten haben. Das ist nicht verwunderlich. Wir sind es nicht gewöhnt, uns damit unvoreingenommen auseinanderzusetzen. Mit wem können wir schon offen darüber reden? Wer versucht nicht sofort, dem anderen etwas vorzumachen?

Deshalb lautet die Aufgabe für Sie: Machen Sie sich Ihre eigene, ganz persönliche Vorstellung vom Sex. Wie Sie ihn erleben möchten. Stellen Sie Ihre eigenen Maßstäbe auf. Ohne sich darum zu kümmern, was »man« tut, was »man« von Ihnen erwartet.

Klären Sie jetzt, und zwar schriftlich in Ihrem Arbeitsheft, was Sie, und zwar Sie ganz allein, erwarten.

Denn ehe Sie darangehen können, mehr Freude am Sex zu entwickeln, ist es notwendig, Ihre Einstellung dazu gründlich und sehr persönlich zu überdenken.

Sehr persönlich, das heißt, daß Sie sich Ihre eigene Meinung über Ihre Beziehung zum Sex bilden. Statt alle die Botschaften ungeprüft zu übernehmen, die Ihnen ein Leben lang eingeredet wurden.

Sex als fröhliches, befriedigendes Spiel betrachten und praktizieren zu können, setzt voraus, daß Sie Ihre Vorstellungen von dem freimachen, was Sie daran hindert:

- Etwa die Vorstellung, daß irgend etwas am Sex unmoralisch sei.
- Schuldgefühle, wenn Sie zuallererst Ihre eigene Befriedigung suchen, statt sich ständig von der Vorstellung quälen zu lassen: »Hoffentlich mache ich alles richtig.«
- Zweifel über Potenz und sexuelle Leistung.
- Die Unfähigkeit, Sex jetzt zu genießen, weil Sie ständig daran denken, was vorher war und nachher vielleicht sein wird.

Und vieles andere mehr.

Mit den hier gegebenen Anregungen sollten Sie sich jetzt befassen und an jedem der nächsten Tage mindestens eine halbe Stunde lang.

Und schriftlich. Denn die befreiende Wirkung des Aufschreibens hilft Ihnen, die Hemmungen abzulegen, die Sie daran hindern, offen, ehrlich, natürlich und frei über Ihre Einstellung zum Sex nachzudenken.

Fragen Sie sich immer wieder:

- »Was will ich?«
- »Was will ich wirklich? Ist das, was ich mir wünsche, vielleicht nur das, was man mir als richtig eingeredet hat?«
- »Was habe ich verdrängt?«
- »Wie möchte ich meine sexuellen Beziehungen gestalten, um möglichst viel Freude und Befriedigung dabei zu haben?«
- Warum habe ich das bisher nicht schon längst getan?«

Denken Sie darüber nach. Schreiben Sie Ihre Gedanken auf.

Finden Sie Ihre eigene Einstellung.

Stellen Sie sich immer wieder Fragen, wie die hier angeführten.

Stellen Sie sich alle diese Fragen jetzt und beantworten Sie sie. Damit dann, wenn Sie handeln, solche Fragen Sie nicht mehr daran hindern, den Sex zu genießen und glücklich zu sein.

Eine der Fragen, die sich eine Lebensschul-Teilnehmerin bei dieser Analyse stellte, lautete: »Warum habe ich in meinem Leben so oft mit Männern nur aus einem einzigen Grund geschlafen: aus Gefälligkeit?«

*

Sitzen Sie also bequem? Haben Sie Ihr Arbeitsheft zur Hand?

Schreiben Sie Ihre Gedanken und Überlegungen auf. Schreiben Sie alles auf, was Ihnen zu diesem Thema einfällt. Sie brauchen sich um keinen besonders literarischen Stil zu bemühen. Auch Rechtschreibfehler stören nicht. Schreiben Sie drauflos, ohne Hemmungen, ohne Tabus. Wer die Hemmungen beim Schreiben überwindet, macht den ersten Schritt zu einer allgemeinen Selbstbefreiung.

Zweite Spielregel

Wer weiß, was er sich vom Sex erwartet, sollte die Befriedigung seiner Wünsche weder dem Zufall noch anderen Menschen überlassen.

Planen Sie deshalb die Eroberung des Partners.

Lassen Sie uns hier, zu Beginn dieses Kapitels, jene fünf Voraussetzungen zusammenfassen, die Sie nach dem Studium der ersten Spielregel für sich geschaffen haben sollten:

1.

Sie besitzen ein Arbeitsheft, das Sie immer zusammen mit diesem Band der Lebensschule aufbewahren. Sie zögern nicht, alle Ideen, Probleme und Zielvorstellungen aufzuschreiben, weil es besser ist, Vorstellungen schriftlich niederzulegen, als nur darüber nachzudenken.

2.

Sie sind fest entschlossen, sich so lange täglich mindestens eine halbe Stunde mit dieser Anleitung zu beschäftigen, bis Sie beim letzten Kapitel angelangt sind. Dieser Entschluß hindert Sie daran, aus Bequemlichkeit vorzeitig aufzugeben.

3.

Sie haben erkannt, daß die Klärung und Verbesserung Ihres Sexuallebens ein wesentlicher Bestandteil Ihrer gesamten Persönlichkeit ist.

4.

Sie haben sich dazu entschieden, Sex als fröhlichen Bestandteil Ihres Alltags anzusehen und sich nicht mehr durch angelernte Zwänge und Schuldgefühle behindern zu lassen.

5.

In Ihrem Arbeitsheft haben Sie eine Liste von Wünschen und Vorstellungen aufgeschrieben, die Sie immer weiter ergänzen.

Auf diese Weise klären Sie Ihre Einstellung zum Sex umfassend. Sie klären die Ursachen, warum sich viele Ihrer Vorstellungen bisher nicht erfüllten, und überprüfen Möglichkeiten, zukünftig mehr Spaß am Sex zu haben.

*

Erinnern Sie sich noch an den Satz: »Fröhliches Entspanntsein beim Sex beginnt nicht erst im Bett«?

Es beginnt jetzt, wenn Sie damit anfangen, sich mit der zweiten Spielregel zu beschäftigen.

Üben Sie auch jetzt, wie am Beginn jedes Kapitels dieser Anleitung, wie man sich entspannt:

Setzen Sie sich bequem.

Entspannen Sie sich bewußt.

Schließen Sie die Augen. Atmen Sie ruhig und verfolgen Sie in Gedanken den Weg des Atems in Ihrem Körper bis zum Nabel und zurück.

Versuchen Sie das einige Male. Heben Sie dann die Schultern hoch, lassen Sie sie fallen und denken Sie dabei: »Ich bin ganz locker.«

Diese kleine Entspannungsübung können Sie in vielen Situationen des Alltags anwenden:

- Vor dem Essen, um Magen, Darm und Geist zu entspannen.
- Vor einer schwierigen Aufgabe, beispielsweise der Konfrontation mit einem Vorgesetzten oder vor einer Prüfung.
- Natürlich auch, ehe Sie ein sexuelles Eroberungsspiel beginnen.

Denn es gibt unendlich viele Menschen, deren Sexualleben nur deshalb verkrampft und unbefriedigend verläuft, weil sie Angst haben.

Frauen denken: »Hoffentlich bin ich eine gute Liebhaberin.« Oder sie versuchen ihre Unfähigkeiten des Genießens durch die Abwehrformel zu entschuldigen: »Jetzt will er schon wieder, hoffentlich geht es schnell vorbei.« Statt sich zu entspannen und von sich aus alles zu unternehmen, um Spaß am Sex zu haben.

Lassen Sie uns diesen Satz wiederholen: »Von sich aus alles unternehmen, um Spaß am Sex zu haben.«

Dazu gehört, von vornherein positiv eingestellt zu sein. Sich zu entspannen. Zu denken: »Ich bin lokker. Ich bin fröhlich. Ich mache das Beste daraus. Ich selbst bin dafür verantwortlich, ob mir Sex Spaß macht oder nicht.«

Deshalb ist es wichtig, erst einmal zu lernen, sich zu entspannen, zu lockern, sich in fröhliche, positive Stimmung zu versetzen.

Sie können es lernen.

Denn, um es noch einmal zu sagen: Unendlich viele Menschen haben deshalb keinen Spaß am Sex, weil sie sich verkrampfen, weil sie sich selbst Angst machen, weil sie sich von vornherein für ein Versagen vor sich selbst entschuldigen, ohne alles unternommen zu haben, um ein Versagen zu vermeiden.

Auf irgendeine Weise fürchtet fast jeder Mann – und sei es nur im hintersten Winkel seines Unterbewußtseins – daß er versagen, daß er nicht erregt sein könnte. Er fürchtet sich davor und malt sich diese »Blamage« aus.

Je intensiver er daran denkt, um so größer wird seine Angst. Die Verkrampfung nimmt zu und verhindert schließlich tatsächlich die Erregung im entscheidenden Augenblick.

Vor allem aber verhindert die Angst die Freude am Sex.

So können Sie diese negativen Einflüsse verhindern:

- Durch die Fähigkeit, sich jederzeit mit der hier beschriebenen Technik zu entspannen, aufzulockern, sich positiv einzustimmen.
- Durch die Kenntnis der Zusammenhänge bei der Eroberung eines Partners.

Darum geht es in diesem Kapitel.

Die Strategie der sexuellen Eroberung besteht aus vier bewußten, gezielten Schritten:

1. Schritt

Erregen Sie die Aufmerksamkeit des Partners.

Wenn er Sie noch nicht kennt, müssen Sie dafür sorgen, daß er Sie kennenlernt – und zwar von Ihrer besten Seite.

Wenn Sie Ihren Partner schon lange kennen, wenn Sie beide schon ancinander gewöhnt sind, ist es genauso wichtig, seine Aufmerksamkeit immer wieder zu erregen.

Vielleicht beschäftigt sich der Partner gerade mit irgend etwas anderem, während Sie mit ihm intim sein möchten.

Vielleicht schläft er, während Sie mitten in der Nacht aus einem sexuellen Traum erwacht sind und sich nach Befriedigung sehnen.

In allen Fällen ist es notwendig, dem Partner ein erstes Signal zu geben: »Hallo, ich bin da, mich gibt es, ich interessiere mich für dich.«

Damit er sich für Sie interessiert, müssen Sie ihn dazu veranlassen.

2. Schritt

Vertiefen Sie das Interesse des Partners für Sie.

Wohlgemerkt: Dies ist der *zweite* Schritt. Machen Sie ihn erst, wenn Sie sich der Wirkung des ersten Schrittes sicher sind.

Das Gefühl eines Menschen für einen anderen braucht genügend Zeit, um sich entwickeln zu können. Erregung braucht Zeit, sich zu entwickeln.

Der Partner muß Sie zuerst als ganze Persönlichkeit mögen, ehe er sich mit Ihnen sexuell einläßt.

Diese Entwicklung müssen Sie gezielt und bewußt steuern. Überlassen Sie es nicht dem Zufall. Lassen Sie sich auch nicht davon abbringen, bis Sie nicht die letzte Chance genützt haben.

3. Schritt

Bereiten Sie den Partner gezielt auf seine Entscheidung vor: »Ja, auch ich möchte es mit dir machen.«

Die vier Wege, wie Sie das erreichen können, sind:

- Blicke. Suchen Sie seine Augen mit Ihrem Blick. Lächeln Sie fröhlich, freundlich, sicher, fragend, gewinnend.
- Worte. Schmeicheln Sie dem Partner. Sagen Sie, ohne aufdringlich zu sein, daß Sie ihn anziehend finden. Bleiben Sie nicht allgemein. Erwähnen Sie konkrete Gründe, was Ihnen an ihm so gut gefällt.
- Die zufällige Berührung des Partners, den Sie erobern wollen, etwa an der Hand oder am Arm.

Durch scheinbar unbeabsichtigtes Berühren des Ehepartners im Bett – bei dem man sich nichts vergibt, weil es ja scheinbar unbeabsichtigt geschieht – kann man aus der Reaktion des anderen erkennen, wie weit man ihn bereits für sich eingenommen hat.

Vielleicht weicht er zurück. Dann kann man sich noch immer entschuldigen. Auch wenn das keineswegs heißen soll, daß man später nicht einen weiteren Versuch wagen kann.

Oder man spürt aus der Reaktion des anderen, daß ihm die Berührung angenehm ist.

Ist das der Fall, sollten Sie mit dem nächsten Schritt der Eroberung beginnen.

4. Schritt

Erringen Sie die Zustimmung des Partners – aber fragen Sie ihn nicht, ob er mit Ihnen ins Bett gehen möchte oder nicht.

Seine Zustimmung erringen heißt: Verstärken Sie die Berührung, reden Sie weiter mit Ihren Blicken, werden Sie in Ihrem Gespräch vertraulicher.

Bereiten Sie Zeitpunkt und Ort vor, an dem *es* passieren soll.

Und warum, werden Sie sich vielleicht denken, sollten Sie keine Fragen stellen?

Die Antwort: Fänden Sie es richtig, wenn ein Angreifer im sportlichen Kampf seinem Gegner vor einem Wettkampf fragte: »Darf ich dich besiegen?«

Wenn Sie Sex als fröhliches, sportliches Spiel betrachten, das Spannung hat und Spaß macht, sollte die Entwicklung dieser Spannung nicht durch vorwegnehmende Fragen gestört werden.

Freude am Sex heißt: Bewußtes Erobern und sich bewußt erobern lassen.

Die meisten Eheleute haben keinen Spaß mehr am Sex, weil sie aufgehört haben, ihre Strategie der Eroberung weiterzuentwickeln. Weil sie Sex zur Pflichtübung gemacht haben, bei der von vornherein alles feststeht und deshalb zur monotonen Routine geworden ist.

Kein Fußballspiel ist spannend, wenn das Ergebnis von vornherein feststeht.

Weil beim Sex von einem bestimmten Zeitpunkt an feststeht, wie ein Beisammensein ablaufen wird, bedarf es der Kunst, dieses Beisammensein nach den Prinzipien der Dramatisierung zu gestalten und dabei immer neue Facetten des Ablaufs zu finden.

Verstehen Sie diese Zusammenhänge?

Das Ziel dieser Anleitung ist es, Sex nicht nur als das zu betrachten, als was es sich für die meisten Menschen darstellt: eine Übung von wenigen Minuten, in denen keiner der Partner eine Chance hat, alles das sich entwickeln zu lassen, was Spaß macht.

Natürlich können Sie einen Partner dadurch »erobern«, daß Sie ihn direkt fragen: »Gehn wir miteinander ins Bett, Sie gefallen mir?« Es kann sein, daß der andere sagt: »Okay, gehen wir, Sie gefallen mir auch.« Alles ist sofort klar. Man zieht sich ganz aus oder auch nur halb. Man macht es. Man ist schnell befriedigt, oder auch nicht.

Selbstverständlich kann diese Form der »sexuellen Eroberung« auch Spaß machen. Aber macht sie Ehepartnern nach dem hundertsten Mal auch noch Spaß? Fragt sich der eine oder andere nicht sehr bald: »Ist das wirklich alles? Erwarte ich mir davon nicht mehr?«

Die vorliegende Anleitung, um das klarzustellen, gibt Anregungen, wie man aus dem Bedürfnis nach Sex das beste macht. Und zwar durch:

- Erkennen der Zusammenhänge.
- Verstehen bewußter Vorgangsweisen.
- Einüben von Techniken und Möglichkeiten.

Erobern hin, erobern her – gelegentlich tut man sein Bestes, um den Partner ins Bett und zum gemeinsamen Spaß zu bringen, und man scheitert trotzdem.

Es gibt keinen Sieg, den man nicht über Niederlagen erreicht.

Aber es ist ein wesentlicher Unterschied, ob man eine Niederlage erleidet, aus der man keinen Ausweg sieht, oder ob man daraus die Sicherheit gewinnt: Ich weiß, was ich will. Ich weiß auch, wie ich es richtig machen kann. Das nächste Mal gelingt es mir wieder besser.

»Planen Sie die Eroberung des Partners und überlassen Sie die Befriedigung Ihrer sexuellen Wünsche nicht dem Zufall oder anderen Menschen.« So lautet die zweite Regel im sexuellen Spiel.

Auf den vorangegangenen Seiten lernten Sie vier Schritte zur Eroberung des Partners kennen. Wir fassen sie noch einmal zusammen:

1. Erregen Sie die Aufmerksamkeit des Partners.
2. Vertiefen Sie sein Interesse für Sie.
3. Bereiten Sie den Partner gezielt auf seine Entscheidung vor: »Ja, auch ich möchte es mit dir machen.«
4. Erringen Sie die Zustimmung des Partners – aber fragen Sie ihn nicht, ob er mit Ihnen ins Bett gehen möchte.

Schreiben Sie diese vier Schritte in Ihr Arbeitsheft.

Dann versuchen Sie folgendes: Schließen Sie die Augen und stellen Sie sich vor, wie Sie den Partner erobern. Gleichgültig, ob Sie eine Frau sind oder ein Mann. Gleichgültig, ob Sie 20 Jahre alt oder schon seit 30 Jahren verheiratet sind.

Es gibt keine Begrenzungen für Spaß am Sex. Es sei denn, Sie selbst legen Ihrer Phantasie Ketten an. Weil die Phantasie der Beginn der Freude am Sex ist, sollten Sie davon Gebrauch machen:

Stellen Sie sich also vor, wie Sie den Partner erobern. Schritt für Schritt. Wie in einem Kurzfilm mit Happy-End.

Spielen Sie das fröhliche sexuelle Spiel in Gedanken durch – jetzt, morgen, immer wieder, bis es sich in der Praxis ganz von selbst ergibt.

Überwinden Sie Ihre Hemmungen zuerst mit Hilfe ihrer Phantasie und finden Sie so immer mehr Spaß an den Details Ihres Eroberungsfilms.

Je öfter Sie diese erfolgreiche Partner-Eroberung im Geiste ablaufen lassen, um so stärker wird Ihr Wunsch, sie in der Praxis nachzuvollziehen. Bis Sie es tun.

Lernen Sie also, die vier Schritte des Eroberns im Geiste nach Ihren eigenen Vorstellungen einzuüben. Leistungssportler nennen diese erfolgreiche Technik »Mentales Training«. Warum sollten Sie sich diese Möglichkeit nicht ebenfalls zunutze machen?

Dritte Spielregel

Wenn es Ihnen gelungen ist, den Partner zu erobern, sollten Sie alle Möglichkeiten ausschöpfen, Freude und Befriedigung zu erlangen.

Wenden Sie im Sex das Prinzip des dramatischen Ablaufs an.

Ehe Sie sich in diesem Kapitel mit der Dramaturgie des Sex beschäftigen, sollten Sie sich selbst prüfen. Schließlich sind sie beim Studium dieser Anleitung Ihr eigener Lehrer. Sie selbst müssen sich motivieren und kontrollieren. Niemand drängt Sie. Niemand macht sich über Ihre Absicht lustig. Loben Sie sich selbst für jeden Fortschritt.

Überprüfen Sie sich:

1. Habe ich mich bisher wirklich täglich mindestens eine halbe Stunde lang mit dieser Anleitung und mit mir beschäftigt?
2. Habe ich alles aufgeschrieben, was meine Einstellung zum Sex betrifft?
3. Welche Fortschritte brachte mir das Einüben der vorgeschlagenen Entspannungsübung?
4. Habe ich tatsächlich ernsthaft versucht, meinen »Eroberungsfilm« zu entwickeln und einzuüben?

Machen Sie sich nichts vor, wenn Sie auf diese vier Fragen die Antworten geben. Schließlich sollen Sie Nutzen aus dieser Anleitung ziehen. Selbstbetrug hindert sie daran.

Wenn Sie mit dem bisherigen Ergebnis Ihrer Bemühungen nicht ganz zufrieden sind, ist das nicht tragisch. Sie sind es vermutlich nicht gewohnt, sich selbst zu motivieren, weil Sie in Ihrem Berufsleben ständig von Ihrer Umwelt unter Druck gesetzt werden.

Gerade dann ist die Beschäftigung mit diesem Lebensschule-Band eine gute Gelegenheit, sich von solchen Abhängigkeiten zu befreien, seine eigene Disziplin zu entwickeln, statt nur zu handeln, wenn andere Sie disziplinieren – und dabei meistens auch mit Strafe drohen.

Zu lernen, sich selbst zu disziplinieren, stärkt das Selbstbewußtsein.

Sie sollten Ihre Fehler erkennen, aber nicht überbewerten. Im Gegenteil: Selbst wenn Sie drei der vier gestellten Fragen negativ beantworten, sollten Sie sich sagen: »Eine habe ich geschafft. Das ist ein Anfang.«

Seien Sie nicht ungeduldig mit sich. Geben Sie sich immer wieder eine Chance.

Nur eines sollten Sie *nicht* tun: Wenn Ihnen das, was Sie bisher hier gelesen haben, nicht klar ist, sollten

Sie nicht einfach in der Lektüre weitergehen. Blättern Sie vielmehr zurück.

Lesen Sie. Denken Sie. Schreiben Sie Ihre Gedanken auf. Sagen Sie nicht ungeduldig: »Ja, ja, ich mache es das nächste Mal.« Machen Sie es jetzt.

Üben Sie also jetzt zuerst die Entspannungsübung. Sie wissen ja: Bequem sitzen, ruhig atmen, die Beruhigungsformel.

Wenn Sie entspannt sind, üben Sie in Ihrer Phantasie den Eroberungsablauf in vier Stufen:

1. Die Aufmerksamkeit des Partners erregen.
2. Sein Interesse an Ihnen vertiefen.
3. Dem Partner sagen: »Ja, ich möchte auch mit dir.«
4. Seine Zustimmung erringen.

Vergessen Sie nicht, daß diese Eroberungstechnik in gleicher Weise für jung und alt gilt. Genauso für die Eroberung eines kaum bekannten Menschen wie für einen langjährigen Ehepartner.

Stellen Sie sich vor, wie sich ein durch langjährige Gewöhnung monoton gewordenes Sexualleben verändern kann, wenn einer der Partner plötzlich darangeht, den anderen wieder – oder vielleicht überhaupt zum erstenmal – gezielt und gekonnt zu verführen.

In sehr vielen Fällen resignieren die Partner.

Wenn der eine fremdgeht, empfindet es der andere als Beleidigung. Statt das Eroberungsspiel neu aufzunehmen und nach neuen, erfrischenden Möglichkeiten zu suchen, wählt er den bequemeren Weg: Er jammert und schimpft. Wird nicht müde, sich selbst zu bemitleiden und dem Partner auf die Nerven zu gehen.

Sex ist ein Spiel, das aktiv gespielt werden muß. Mit immer neuen Variationen, Tricks, Ideen. Mit Spaß am Spielen.

Die Voraussetzung dafür ist, daß man die Spielregeln kennt und die Techniken übt. Die richtige Spieleinstellung ist entscheidend wie auch das Ablegen von hemmenden Beschränkungen.

Verstehen Sie jetzt, daß Kennen und Beherrschen der Spielregeln des fröhlichen Sex nichts mit dem Alter zu tun haben und damit, wie lange man verheiratet ist?

Machen Sie sich also mit dem Ablauf des Spiels bekannt, mit der Dramaturgie des Sex.

Hier sind die fünf Schritte dieser Dramaturgie:

1. Die Einstimmung.
2. Die gesteigerte Erregung.
3. Die Verzögerung.
4. Der Höhepunkt.
5. Der Ausklang.

Das größte Problem vieler Menschen ist die unbefriedigte Sehnsucht nach Zärtlichkeit. Vermutlich geht es dabei gar nicht so sehr um die zärtliche Berührung selbst als um die Zuneigung und den Respekt, den Zärtlichkeit ausdrückt.

Ein Mann, der sich auf eine Partnerin wirft, nach wenigen Minuten zum Höhepunkt kommt, sich umdreht und einschläft, beleidigt die Frau.

Wie kann eine Partnerschaft glücklich sein, in der einer den anderen ständig beleidigt? Es löst zuerst inneren, dann äußeren Widerstand aus, schließlich Abneigung und nicht selten Haß.

Die Dramaturgie des Sex schafft den Rahmen für Zeit und Möglichkeiten, sich kennenzulernen, sich zu respektieren, gemeinsam Spaß zu gewinnen.

Um es noch einmal zu wiederholen: Spaß braucht Zeit, um sich entwickeln zu können. Sie können ihn aufbauen, lenken, fördern und ganz bewußt zum Höhepunkt bringen.

Das ist der Spielgedanke: Ein Partner macht einen Schritt und ermutigt den anderen, darauf einzugehen. Reaktion und Gegenreaktion. Abwarten und Überraschen. Anheizen und Verzögern.

Das ist das Spiel, das Spaß macht.

Deshalb wird hier immer wieder versucht, Sie von zwei Ideen zu überzeugen:

- Daß Sex ein Spiel ist.
- Daß Sie die Regeln dieses Spiels verstehen und üben sollten.

Niemand bringt uns diese Einstellung und Zusammenhänge bei. Wir lernen Schreibmaschineschreiben, handwerkliche Fähigkeiten, Kochen, Autofahren. Für alles gibt es Kurse, Prüfungen und Zeugnisse. Aber niemand bringt uns bei, wie man glücklich liebt.

Deshalb sind auch den meisten Menschen die natürlichsten Zusammenhänge des Sex so fremd.

Wir selbst müssen uns damit vertraut machen. Nicht nur mit den oberflächlichen Techniken, sondern mit der Einstellung, die allen diesen Techniken erst einen Sinn gibt. Dieser Sinn ist, Spaß zu haben, gemeinsames Glück zu erleben und zu genießen.

»Ich habe immer gedacht«, schrieb der Teilnehmer eines Wochenend-Seminars der Lebensschule, »im Sex sei es das Höchste, sich vollkommen gehenzulassen. Als sich nach vier Jahren Ehe meine Frau von mir scheiden ließ, fiel ich aus allen Wolken, weil sie mir sagte, ich sei im Bett eine Niete gewesen.«

Solche Enttäuschungen erleben viele Menschen, die meinen, Glück, Erfolg, Spaß, sexuelle Befriedigung kämen irgendwie ganz von selbst, wenn man sich nur »gehenläßt«.

Beschäftigen wir uns deshalb ausführlicher mit den fünf Schritten der Dramaturgie des Sex.

1. Schritt: Die Einstimmung

Wenn die Eroberung dazu führt, daß zwei Partner sich einig sind, dann ist die Dramaturgie die Anleitung dazu, *wie* es passieren sollte.

Das Ziel: Gemeinsamer Spaß an dem, was passiert. *Gemeinsam* Spaß zu haben bedeutet, daß keiner dem anderen mit seinem eigenen Spaß davonlaufen darf. Deshalb ist es wichtig, sich von Anfang an aufeinander einzustimmen.

Sie, der Sie die Spielregeln jetzt kennen, müssen dafür sorgen.

Gleichgültig, ob Sie ein Mann sind oder eine Frau. Nehmen Sie die Lenkung des Ablaufs eines sexuellen Beisammenseins in Ihre Hand und geben Sie dem Partner zu erkennen, daß Sie wissen, was Sie wollen und wie es vor sich gehen soll.

Es ist ein Unterschied, ob Sie nach vielen Ehejahren als Mann schwerfällig in das Bett Ihrer Frau fallen, um den Akt zu vollziehen, weil Ihnen gerade danach zumute ist, oder ob Sie das Beisammensein damit beginnen, mit Ihren Lippen ihr Ohr zu liebkosen.

Das eine signalisiert: »Mach schon, ich will jetzt« und löst die Reaktion aus: »Dieser derbe Klotz.«

Das andere vermittelt einen angenehmen Reiz, der neugierig darauf macht, wie es weitergeht.

Wissen Sie, warum so viele Eheleute – und nicht nur Eheleute – schon nach wenigen Jahren kaum mehr richtig Freude am gemeinsamen Sex haben? Weil sie nicht wissen, wie man den Partner verführt.

In den ersten Monaten einer Beziehung bestimmt noch die Neugierde, das Neue den Ablauf des Beisammenseins und die Lust daran. Wenn dieses Ritual später zur Routine wird, kennen nur die wenigsten Partner die Spielregeln, mit denen der Spaß am Sex immer wieder neu entfacht werden kann.

Das Geheimnis lautet: Machen Sie sich mit der Fünf-Schritte-Dramaturgie vertraut. Sie beginnt mit der richtigen Einstimmung des Partners auf das, was kommen wird.

Diese Einstimmung braucht ihre Zeit.

Wenn Sie eine Frau sind, und ein Mann stürzt sich auf Sie, um die Sache schnell hinter sich zu bringen:

- Erziehen Sie ihn zum Fünf-Schritte-Ablauf.
- Resignieren Sie nicht von Anfang an.
- Lassen Sie es nicht einfach über sich ergehen in der Hoffnung, daß es bald vorbei ist.
- Reagieren Sie nicht aggressiv.

Wenn Sie gründlich durchdacht haben, wie Sie sich Ihre sexuelle Befriedigung vorstellen, dann müssen

Sie jetzt darangehen, Ihren Partner dazu zu erziehen. Nicht dadurch, daß Sie stundenlang mit ihm darüber diskutieren, sondern indem Sie ihn Schritt für Schritt durch Ihr eigenes Handeln veranlassen, das zu tun, was Sie möchten – und er obendrein selbst mehr Spaß am Sex gewinnt.

Lernen Sie, Ihren Partner zu verführen.

Beginnen Sie damit, daß Sie sich von Anfang an die Zeit nehmen, sich selbst und den Partner einzustimmen.

»Ich war viele Jahre lang«, erzählte die Teilnehmerin an einem Lebensschule-Seminar, »immer sofort in passiver Abwehrhaltung, sobald mein Mann zu mir kam. Statt aktiv zu meiner eigenen Befriedigung beizutragen, tat ich mir ständig selbst nur leid. Kein Wunder, daß ich immer unbefriedigt war und meinen Mann als Egoisten verdammte.«

2. Schritt: Die gesteigerte Erregung

Sex ist wie eine Fernseh-Show. Oder ein Krimi. Wenn er gut gemacht ist, ist man gespannt auf das Ende, aber man will nicht, daß die Auflösung vorweggenommen wird. Man genießt vielmehr die Steigerung der Spannung.

Nehmen Sie im Sex das Ende nicht vorweg, ehe Sie nicht alle Möglichkeiten genützt haben, die Spannung zu erhöhen.

Die Erregung zu steigern, ist nicht vorwiegend eine Sache des Wissens um möglichst viele Techniken und Stellungen, es ist eine Frage der Einstellung zu dem, was man macht.

Ein Liebhaber, der eine Frau mit ein, zwei einfachen Techniken erregt, kann oft viel mehr Spaß haben und vermitteln, als einer, der routiniert mit Kenntnissen und Ausdauer protzt.

Die Erregung zu steigern heißt: Seine eigenen Möglichkeiten einfühlend mit denen des Partners in Einklang zu bringen. Ohne Leistungsdruck. Ohne den Zwang des Imponiergehabes. Nach dem Prinzip von Wirkung und Gegenwirkung, wie es jedes Spiel verlangt: Selbst eine Chance wahrnehmen, um dann dem anderen seine Chance zu lassen.

3. Schritt: Die Verzögerung

Natürlich kann der Aufbau gegenseitiger Erregung ohne Übergang zu einem Höhepunkt führen. Aber wer dem sexuellen Beisammensein – vor allem dann, wenn man schon lange zusammenlebt – noch einen zusätzlichen Reiz abgewinnen will, verzögert den Höhepunkt noch ein wenig.

Oft genügen Sekunden, in denen beide Partner sich noch ein letztes Mal im Einverständnis sammeln, ehe sie sich gehenlassen.

Sagen Sie nicht: »Ich habe einen Orgasmus«, sagen Sie vielmehr: »Ich habe Spaß am Sex. Vom ersten bis zum letzten Augenblick.« Denken Sie dabei »Ich mache mir den Spaß und überlasse ihn nicht dem Zufall.«

Erinnern Sie sich noch an unsere Frage, ob Sie sich durch die Behauptung betroffen fühlen: »Wenn Sie liegen, stehen Sie. Wenn Sie stehen, gehen Sie. Wenn Sie gehen, sind Sie schon am Ziel?«

Wenn sich alle Ihre Erwartungen am Beginn eines Beisammenseins nur darauf konzentrieren, wie das Ende sein soll, können Sie an allem, was zu diesem Ende führt, nur halbe Freude haben.

Sicher ist: Der schönste Höhepunkt ist jener, der sich aus dem, was vorher geschieht, ganz von selbst ergibt – als Schlußpunkt der Harmonie eines einvernehmlichen Ablaufes.

4. Schritt: Der Höhepunkt

Wenn Sie Spaß am Sex haben wollen, dann soll dieser Spaß in einen Punkt münden, den man gemeinsam erreicht.

Wenn Sie von Anfang an gemeinsam Schritt für Schritt durchgespielt haben, in der Zeit, die nötig ist, mit der Rücksicht, die es erforderte, dann sind beim gemeinsamen Höhepunkt alle Probleme ganz von selbst bereinigt.

Deshalb kann jeder, der die Dramaturgie des Sex kennt und befolgt, alles vergessen, was er über Orgasmus und Orgasmusschwierigkeiten gehört hat.

5. Schritt: Der Ausklang

Wenn Sie Ihrer Erregung genug Zeit gegeben haben, sich zu entwickeln und zu steigern, auf den Partner überzuspringen und ihn mitzureißen, dann sollten Sie nach dem Höhepunkt Ihre Erregung ausklingen lassen.

Oft ist die Vorfreude auf ein Ereignis genauso schön, wie das Ereignis selbst. Oft ist es gar nicht der Höhepunkt, der den meisten Spaß macht, sondern sein Nachvollziehen in unserer Phantasie.

Wer die Dramaturgie des Sex versteht, nützt seine Phantasie genauso wie die Möglichkeiten seines Körpers.

Das also ist die Dramaturgie des Sex, mit der Sie sich vertraut machen sollten. Wer sie kennt, besitzt das Instrument, die Freude am Sex zielstrebig herbeizuführen.

Vorausgesetzt, er macht sich damit vertraut und übt sie so lange in seiner Vorstellung ein, bis sie ganz automatisch in die Praxis seines Verhaltens übergeht.

Machen Sie sich also jetzt damit vertraut. Schreiben Sie die fünf Schritte in Ihr Arbeitsheft:

1. Die Einstimmung.
2. Die gesteigerte Erregung.
3. Die Verzögerung.
4. Der Höhepunkt.
5. Der Ausklang.

Denken Sie darüber nach:

- Wie ist Sex in Ihrem bisherigen Leben verlaufen?
- Wie viele Schritte gab es da bis zum Höhepunkt?
- Vergleichen Sie Ihre bisherige Praxis mit den Möglichkeiten, mit denen diese Anleitung Sie bisher bekannt gemacht hat.
- Was können Sie ändern?
- Wie werden Sie es ändern?

Denken Sie darüber nach.

Machen Sie sich Notizen.

Was können Sie jetzt mit Ihrem Wissen über die Fünf-Punkte-Dramaturgie des Sex zur Verbesserung Ihrer Freude am Sex beitragen?

Machen Sie nicht den Fehler, die Ausrede zu gebrauchen: »Ich wüßte schon, was geschehen sollte, aber mein Partner spielt nicht mit.«

Hier geht es nur um Sie.

Klären Sie erst einmal ganz konkret, was *Sie* tun werden.

Denn: Wenn Sie selbst wissen, was Sie tun können und wollen, ist das der erste Schritt dazu, es auch tatsächlich zu tun.

Ihr Partner wird sich nicht ändern, wenn Sie ihn immer nur in Ihren Gedanken beschuldigen. Oder wenn Sie ihm die Verantwortung für Ihre eigene Unzufriedenheit aufbürden.

Ihr zielstrebiges Handeln besitzt die stärkste Überzeugungskraft für andere.

Erproben Sie es jetzt im Sex, damit dieses Selbstbewußtsein später auch in allen anderen Bereichen Ihres Lebens wirksam wird.

Nehmen Sie sich genug Zeit, um über alles das nachzudenken und es im Arbeitsheft festzuhalten.

Vierte Spielregel

Was der Freude am Sex mehr als alles andere im Wege steht, ist die Angst in vielerlei Gestalt.

Verwenden Sie deshalb die Formel: »Sex macht Spaß. Ich fürchte nichts und niemanden.«

Lassen Sie uns am Beginn dieses Kapitels einige Punkte wiederholen, von denen in der vorliegenden Anleitung die Rede war:

- Sie haben Vorstellungen entwickelt, wie Sie Sex erleben möchten. Persönliche Vorstellungen, statt der Klischees, nach denen wir so oft unser Handeln orientieren.
- Sie haben eine Strategie kennengelernt, mit der Sie einen Partner gezielt erobern können.
- Sie haben sich bewußt gemacht, daß es an Ihnen liegt, den Ablauf einer sexuellen Begegnung nicht dem Zufall zu überlassen, sondern Erregung, Respekt und Zuneigung sich gezielt entwickeln zu lassen.

Sind das nicht drei erstaunliche Erkenntnisse im Zusammenhang mit Sex? Drei Anregungen, die Ihr Sexleben von morgen an vollkommen verändern können. Auch wenn diese Veränderung nur darin bestünde, daß Sie Sex jetzt bewußter erleben.

Viele Menschen überlassen Ihr Sexualleben vorwiegend dem Zufall. Oder auch Ihren Ängsten.

Nichts steht dem fröhlichen Sex mehr im Wege als Ängste und Schuldgefühle.

Zweifellos kennen Sie auch alle diese hemmenden Angstformeln, wie:

- Aber das tut man doch nicht.
- Eine Frau tut das nicht.
- Nimm dich vor den Frauen in acht.
- Mach dich nicht unglücklich, mißtraue jedem Mann.
- Gib dich nicht jedem hin.
- Die Männer wollen doch bloß immer nur dasselbe.
- Wenn dich ein Mann erst einmal im Bett gehabt hat, verliert er bald das Interesse an dir.
- Du bist ja doch nur ein Versager.
- Mit dir ist im Bett ja doch nichts mehr los.
- Du bist ja frigid.

Und so fort.

Wer geht wirklich mit einem Partner ins Bett, ohne daß sich in seinen Gedanken eine Angstformel oder ein Schuldbewußtsein bemerkbar macht? Das Schuldgefühl, dem Partner etwas vorzutäuschen, um ihn nicht zu enttäuschen. Die Angst, ihm mehr Gefühl zu zeigen, als man ihm zeigen möchte, weil er es sonst irgendwann vielleicht einmal ausnützen könnte.

»Immer wieder habe ich festgestellt«, schrieb eine Teilnehmerin eines Lebensschule-Seminars, »daß ich Männern Angst mache, wenn ich ihnen meine Gefühle zeige. Das schien sie abzuschrecken. Da bekamen sie plötzlich Angst davor, eine Verantwortung übernehmen zu müssen, die sie gar nicht übernehmen wollten.«

Alles Ängste, die dem Spaß am Sex im Wege stehen.

Viele dieser Ängste beziehen sich auf etwas, das sein könnte, aber noch gar nicht ist. Statt im Augenblick fröhlich zu tun, was wir tun möchten, und es unbekümmert zu genießen, konstruieren wir Blockaden.

Wir konstruieren sie, weil wir das, was wir *jetzt* tun möchten, mit einem möglichen Problem in Verbindung bringen, das sich noch gar nicht stellt. Das sich vielleicht überhaupt nicht stellt, wenn wir es nicht heraufbeschwören.

Ist es nicht so?

Denken Sie über die hier aufgestellten Behauptungen nach. Trifft die eine oder andere auf Sie zu?

Entspannen Sie sich. Sie wissen ja: Bequem sitzen, bewußt atmen, die Schultern heben und fallen lassen. Die Entspannungsformel.

Nehmen Sie Ihr Arbeitsheft zur Hand und beginnen Sie damit, eine Liste Ihrer Sex-Ängste aufzustellen.

Würgen Sie Ihre Bemühungen nicht mit der protzigen Phrase ab: »Ich habe da gar keine Hemmungen.« Oder: »Wovor sollte ich Angst haben?«

Spaß am Sex zu haben heißt, sich selbst möglichst genau zu kennen. Seine Ängste zu kennen und zu lernen, mit ihnen umzugehen, damit sie unsere Freude an den Dingen nicht zerstören.

Wir alle neigen dazu, ungeduldig immer wieder unsere Probleme beiseite zu schieben: »Ach was, das ist doch kein Problem für mich.« Oder der überhebliche Selbsttrost: »Irgendwie wird das schon gehen.«

Unendlich viele Menschen haben Angst vor sich selbst, und es kann durchaus sein, daß Sie auch zu diesen Menschen gehören.

- Haben Sie Angst vor Ihren Gefühlen?
- Haben Sie Angst, sie zu zeigen?
- Haben Sie Angst, sich selbst Ihre Neigungen, Schwächen, Hemmungen einzugestehen?

»Ich befriedige mich regelmäßig selbst, weil ich fürchte, meinen Partner zu verletzen, wenn ich ihm sage, daß er mich nicht befriedigen kann. Da spiele ich ihm lieber etwas vor.« Ob Sie es glauben oder nicht, aber das ist eine der immer wiederkehrenden Eingeständnisse von Männern genauso wie von Frauen.

Die meisten von ihnen haben sich damit abgefunden. Sie haben das Problem beiseite geschoben und suchen erst gar nicht nach Möglichkeiten, daran etwas zu ändern.

»Ach«, reden Sie sich ein, »Sex ist ja gar nicht so wichtig für mich.«

Es mag sein, daß Sex für Sie nicht wichtig ist. Aber wer sich einmal daran gewöhnt, alles für unwichtig zu erklären, nur weil er zu bequem ist, Lösungen zu finden, der wird vermutlich bald an nichts mehr in seinem Leben Spaß haben.

Denn Spaß an einer Sache zu haben heißt, alle hemmenden Probleme gelöst und Ängste beseitigt zu haben. Bedenken Sie das bitte, wenn Sie an Ihrer Ängste-Liste arbeiten.

- Wovor haben Sie Angst?
- Was getrauen Sie sich nicht, Ihrem Partner zu sagen?
- Was getrauen Sie sich nicht zu tun, obwohl Sie es gerne möchten?

Schreiben Sie also Ihre Ängste-Liste. Lassen Sie sich Zeit. Beschönigen Sie nichts, Sie sind niemandem Rechenschaft schuldig, nur sich selbst.

Wenn Sie über Ihre Ängste nachdenken, sollten Sie nicht an der Frage vorbeigehen: »Woher kommen sie?«

»Wovor habe ich Angst, und woher kommen meine Ängste?« Diese Frage ist der erste Ansatz dafür, Ihre Ängste zu meistern.

Natürlich werden wir ein Leben lang mit Ängsten konfrontiert sein. Was uns aber von anderen Menschen unterscheiden sollte, ist die Art, wie wir mit unseren Ängsten umgehen.

Der erste Schritt, sie zu meistern, ist: Sie uns bewußt machen, sie konkretisieren.

Nichts ist gefährlicher als vage Ängste, die sich in unser Denken einschleichen und in unserer Phantasie ein Eigenleben beginnen.

Wir fürchten, daß wir versagen könnten.

Wir stehen vor einer Beziehung mit einem Partner, plötzlich ist der Zweifel da, irgend etwas könnte schiefgehen. Es gibt keine konkreten Hinweise. Die Chancen stehen gut. Aber wir denken an die schlimmste Möglichkeit. Wir malen uns die schlimmsten Folgen aus.

Diese zerstörenden Überlegungen gehen in Mißtrauen über. Plötzlich kommen uns Kleinigkeiten in den Sinn, die darauf hinweisen könnten, daß tatsächlich Gefahr besteht.

Ehe wir's uns versehen, haben wir in Gedanken etwas zerstört, das noch gar nicht begonnen hat. Wir haben es *durch* unsere Gedanken zerstört.

Statt zu sagen: »Es kann gut ausgehen, es kann schlecht ausgehen. Ich tue alles, damit es gut ausgeht. Wenn es trotzdem nicht so gelingt, wie ich es mir wünsche, habe ich eben etwas falsch gemacht. Ich bin nicht fehlerlos, aber ich kann aus Fehlern lernen.«

Die beste Möglichkeit, Ihre Ängste zu kontrollieren, damit nicht die Ängste Sie kontrollieren, ist, sie zu konkretisieren.

Hier ist eine bewährte Methode, eine Angst unter Kontrolle zu bekommen. Fragen Sie sich:

1. Worin besteht diese Angst konkret? Was ist das wirklich, wovor ich mich fürchte?
2. Was ist die schlimmste aller möglichen Folgen, die eintreten könnten?
3. Was ist das Günstigste, das eintreten kann?
4. Was muß ich tun, um das Beste aus der Sache zu machen, die ich machen will und vor der ich mich jetzt fürchte?
5. Welche Entscheidung fälle ich, um das Beste daraus zu machen?

Der Angst auf den Grund gehen und ihr eine Alternative entgegensetzen – dieses Angstbewältigungsprinzip sollten Sie sich merken.

Beherrscht gerade jetzt eine Angst Ihr Denken?

Versuchen Sie sofort, sie mit den fünf oben angeführten Fragen zu bewältigen.

Gleich jetzt. Am besten schriftlich in Ihrem Arbeitsheft. Noch ehe Sie weiterlesen.

Die meisten von uns sind unsicher, was im Sex möglich und für uns richtig ist.

Das ist kein Wunder. Denn ein Leben lang wurden wir in diesem Lebensbereich immer nur verwirrt:

- Da ist das natürliche Bedürfnis in uns, unsere sexuellen Wünsche zu befriedigen. Aber ständig werden wir aufgefordert, dieses Bedürfnis zu unterdrücken.
- Wir fühlen uns veranlaßt, unser Denken, unsere Phantasien und unsere Handlungen zu verheimlichen.
- Die Eltern dürfen nicht wissen, daß ein Mädchen keine Jungfrau mehr ist.
- Die Frustration der ersten heimlichen Beziehungen an unbequemen Orten, an denen alles hastig passiert, weil man die Entdeckung fürchtet.
- Und dann die moralischen Bedrohungen von allen Seiten. Wie man Empfängnis verhüten darf und wie nicht. Was Sünde ist und was nicht.

Die Umwelt macht uns von Kindheit an Angst vor dem Sex.

Wenn Sie damit fertig werden wollen, müssen Sie lernen, Spaß daran zu finden.

Wenn der erste Schritt darin besteht, sich Ihre Ängste und deren Herkunft bewußt zu machen, ist es der zweite Schritt, in Ihrem Denken eine Alternative aufzubauen.

Im Grunde genommen ist der Vorgang einfach: Ersetzen Sie in Ihrem Denken den Begriff »Sex-Angst« durch »Sex-Spaß«.

Stellen Sie sich vor, daß es in Ihrem Denken nur den Begriff »Sex-Spaß« gibt.

Machen Sie eine eindeutige Entscheidung daraus. Gleich jetzt. Nehmen Sie wieder einmal Ihr Arbeitsbuch zur Hand. Schreiben Sie folgendes auf:

»Abmachung mit mir selbst. Ich beschließe, ab sofort Spaß am Sex zu haben. Nichts kann mich davon abbringen. Keine Niederlage. Keine hemmende Phantasie. Wenn ein Angstgedanke auch nur auftaucht, ersetze ich ihn sofort durch die Formel ›Sex macht Spaß. Ich fürchte nichts und niemanden‹.«

Unterschrift und Datum.

Haben Sie das aufgeschrieben?

Versuchen Sie es. Machen Sie einen Spaß-Vertrag mit sich. Wenn Sie der Sache nicht recht trauen, können Sie auch einen befristeten Vertrag abschließen. Vielleicht für einen Monat. Denn es ist verständlich, wenn Sie sagen: »Ich kann mir vornehmen, was ich will, ich scheitere dann doch, wenn es darauf ankommt.«

Es ist ein Unterschied, ob Sie sich vorgenommen haben: »Sex macht Spaß. Ich fürchte nichts und niemanden« und sie scheitern, oder ob Sie schon von Anfang an von Ihrem Scheitern überzeugt waren.

Im ersten Fall geben sie sich noch *eine* Chance.

Im zweiten Fall geben Sie sich *keine* Chance.

Das ist der entscheidende Unterschied.

Niemals damit aufhören, sich immer wieder selbst eine Chance zu geben – das ist die Grundvoraussetzung dafür, mit seinen Ängsten fertig zu werden.

Der oben erwähnte Vertrag ist eine Ermunterung, sich immer wieder eine Chance zu geben und sich selbst zu ermutigen. Einmal schaffen Sie es dann, und das gibt Ihnen das Selbstvertrauen, es auch ein zweites Mal zu versuchen.

Das gilt für das Alltagsleben allgemein. Es gilt aber auch für Ihren Sex.

Also noch einmal der Zusammenhang:

- Zuerst machen Sie sich Ihre Ängste bewußt.
- Dann ersetzen Sie die eingelernte Angstformel durch die Spaßformel.
- Diese Spaßformel lernen Sie genauso ein, wie Ihnen Ihre Umwelt die Angst eingeredet hat.

Denn: Ihre Umwelt versucht ständig, Ihnen Ängste einzureden.

Es kann durchaus sein, daß Sie ein Opfer von Angstmachern sind.

Vielleicht sind Sie eine Frau, der ihr Mann eingeredet hat: »Du bist ja eine tüchtige Hausfrau, aber im Bett bist du frigid.«

Nichts ist bequemer für einen Mann als einer unerfahrenen Frau einzureden, sie sei im Sex ein Versager.

Das gibt ihm einen Freibrief für Bequemlichkeit.

Er kann ihr damit erklären, daß er einfach fremdgehen müsse.

Er kann damit argumentieren, daß es ja keinen Sinn habe, sich mit Zärtlichkeiten um sie zu bemühen. Sie sei ja frigid.

Er hält in ihr ständig das Schuldgefühl wach, daß sie keine richtige Frau sei. Damit kann er sie erpressen.

Es kann natürlich auch sein, daß Sie ein Mann sind, den seine Frau mit Angst und Schuldgefühlen erpreßt, die sie ihm beigebracht hat.

- Eine Frau kann sich einem Partner so lange verweigern, bis er in seiner sexuellen Not fremdgeht. Das hält sie ihm dann ein Leben lang vor. Damit erpreßt sie ihn.
- Eine Frau kann einen Mann so lange fordern, bis er nicht mehr erregt wird. Dann schimpft sie ihn einen Schwächling. Von da an hat er ständig Angst davor, er könnte wieder versagen. Also sucht er Ausflüchte vor dem Sex und macht sich auf diese Weise erpreßbar.

So sehen die ganz nüchternen Möglichkeiten aus, wie sie in Beziehungen überall und jederzeit gespielt werden.

Gespielt? Nein, es ist kein Spiel, wenn man dem Partner keine Chance läßt.

Sex ist zweifellos ein hervorragendes Mittel zur Erpressung. Die Grundlage dieser Erpressung ist die Angst.

Deshalb ist die Fähigkeit, seine Ängste bewußt zu beherrschen, ein sehr brauchbares Instrument, sich gegen Erpressung zur Wehr zu setzen.

- Durch Bewußtmachen.
- Durch Konkretisieren.
- Durch die Fünf-Fragen-Technik.
- Durch das Verankern einer Spaßformel anstelle der Angstformel in unserem Denken.

Ist das alles nicht verständlich und logisch? Haben Sie nicht selbst schon gelegentlich über solche Zusammenhänge nachgedacht?

Tun Sie es jetzt noch einmal.

Schreiben Sie Ihre Gedanken auf.

Ringen Sie sich zu der Entscheidung durch, daß Sie von heute an gezielt Ihre Ängste meistern werden.

Klären Sie diese Sachen, statt sie beiseite zu schieben und ungeduldig weiterzulesen.

Fünfte Spielregel

Die Voraussetzung dafür, sich Ihre Wünsche zu erfüllen, ist der Glaube daran, daß Sie es schaffen werden.

Benützen Sie Ihre Phantasie, um sich den Spaß am Sex möglichst lebensnahe vorzustellen – bis die Gedanken Ihr Handeln beflügeln.

In diesem Kapitel geht es um die Phantasie als wichtiges Hilfsmittel bei der Freude am Sex.

Ein Mann, der sich immer nur vorstellt, wie er im Bett versagt, benützt seine Phantasie dazu, sich so lange Angst vor einem Versagen einzureden, bis er tatsächlich versagt.

Eine Frau, die sich einem Mann einfach nur hingibt – vielleicht nur aus Pflichtgefühl oder aus Gefälligkeit –, darf nicht erwarten, daß sich der Spaß daran von selbst einstellt. Wenn sie Freude daran haben will, muß sie sich diese Freude selbst bereiten. Sie muß sich entschlossen vorstellen, daß sie Spaß haben wird.

Was immer wir gegen alle Widerstände in uns selbst oder unserer Mitwelt erreichen wollen, hängt in hohem Maße davon ab, wie stark wir unsere Phantasie dafür einsetzen können.

Um es ganz klar zu sagen: Ihre Phantasie entscheidet in hohem Maße darüber, ob Sie Spaß am Sex haben oder nicht.

Deshalb sollten Sie sich damit vertraut machen, Ihre Phantasie regelmäßig und ausdauernd zu trainieren.

»Sex macht Spaß. Ich fürchte nichts und niemanden« heißt die Formel zur Angst-Alternative in der vierten Spielregel. Lernen Sie jetzt, diese Verhaltensentscheidung in Ihrer Phantasie immer weiter auszubauen.

Stellen Sie sich konkret vor, *wie* Ihnen Sex Spaß macht.

Lassen Sie in Ihrer Phantasie die Inszenierung Ihrer Sex-Vorstellung wie in einem Film ablaufen.

Sie kennen ja die Dramaturgie:

- Wie Sie den Partner und sich selbst einstimmen.
- Wie Sie die Erregung steigern.
- Wie Sie den Höhepunkt verzögern.
- Wie Sie den Höhepunkt erreichen.
- Wie Sie ihn ausklingen lassen.

Bereiten Sie sich auf die sexuelle Praxis dadurch vor, daß Sie zuerst in Ihrer Phantasie einüben, was Sie tun möchten.

Dadurch stärken Sie Ihr Selbstbewußtsein. Sie werden in Ihrem Verhalten sicherer, Ihre Gefühle können Sie nicht mehr so leicht überraschen, weil Sie ja im Phantasie-Training geübt haben, den Gefühlen Zeit zu lassen, sich zu entwickeln.

Auch ein Partner kann Sie nicht mehr so leicht zu Ihrem Nachteil überrumpeln.

Sie kennen alle Techniken, die erforderlich sind, um Ihre ganz persönlichen Sex-Vorstellungen verwirklichen zu können:

- Sie wissen, was Sie möchten, was Sie sich wünschen, wie Sie sich verhalten wollen.
- Sie sind entschlossen, diese Wünsche und Vorstellungen in der Praxis zu verwirklichen.
- Sie sind sich darüber im klaren, daß Sex für Sie Spaß sein soll. Ein fröhliches Spiel, das Sie auskosten und genießen. Ihr Film wird also kein Trauerspiel, sondern ein Lustspiel sein.
- Sie kennen die Dramaturgie.

Lernen Sie, sich vorzustellen, wie Sie im Leben ein Spiel gewinnen, das Sie gewinnen möchten.

- Das kann Ihren Beruf betreffen.
- Das kann Ihr Verhalten den Freunden oder der Familie gegenüber betreffen.
- Sie können sich damit auf Ereignisse vorbereiten, die für Sie nicht alltäglich sind, etwa den Besuch beim Zahnarzt, eine Operation, die Rede bei einer Geburtstagsfeier und die Konfrontation mit Vorgesetzten.

Lernen Sie, sich in Ihrer Phantasie vorzustellen, wie Sie die Aufgabe hervorragend meistern und alle Zweifel und Hindernisse überwinden.

Üben Sie die Bewältigung im Geiste gründlich ein, bis Ihnen die praktische Verwirklichung vollkommen vertraut ist.

Zwei Prinzipien müssen Sie befolgen, um den Erfolg sicherzustellen:

1. Lassen Sie sich durch nichts irritieren. Durch keine Zweifel, durch keine Einwände. Auch nicht durch den Versuch, die ganze Sache *objektiv* zu betrachten. Geben Sie sich hemmungslosem Optimismus und unbekümmertem Selbstvertrauen hin. Ziehen Sie niemals in Zweifel, daß Sie die Sache so verwirklichen werden, wie Sie es sich vorstellen.
2. Spekulieren Sie nicht mit einer möglichen Enttäuschung. Sagen Sie sich also nicht: »Ja, aber was ist, wenn ich es dann doch nicht schaffe? Dann wird meine Enttäuschung besonders groß sein.«

Vergessen Sie nicht: Wenn Sie die Möglichkeit eines Mißlingens von vornherein einbeziehen, vermindern Sie damit Ihre Kraft und Konzentration für die Verwirklichung.

Natürlich kann Ihr Vorhaben auch scheitern, obwohl Ihr Selbstvertrauen grenzenlos war. Es gibt immer ein Dutzend Gründe, warum auch todsicher erscheinende Siege doch noch zu Niederlagen werden.

Was Sie tun können, ist, größtmögliche Energien zu sammeln und sie mit aller Kraft ungehemmt einzusetzen. Wenn Sie das tun, sind Ihre Chancen auf einen Sieg in jedem Spiel Ihres Lebens am größten.

Das Trainieren Ihrer positiven Phantasie ist ein wichtiger Bestandteil dabei.

Hier sind noch einige praktische Hinweise für dieses Training.

- Trainieren Sie entspannt.

Sie wissen ja, wie Sie sich entspannen können. Sich hinsetzen oder -legen und sich bewußt entspannen. Stellen Sie sich vor, wie sich Ihr Körper entspannt – der Kopf, die Schultern, die Arme, der Bauch, die Beine, die Arme bis zu den Fingerspitzen.

Stellen Sie sich vor, wie sich Ihr ganzer Körper immer mehr entspannt.

Auch, wie sich Ihr Geist entspannt.

Lassen Sie alle Probleme an sich vorbeiziehen, die Sie vorhin noch beschäftigten.

Jetzt gibt es keine Probleme.

Konzentrieren Sie sich auf die ruhige Atmung. Wie Sie einatmen, wie der Atem sich in Ihrem Körper bis unterhalb des Nabels senkt. Wie Sie ausatmen.

Das Atmen beruhigt Sie.

- Stellen Sie sich vor, was Sie erreichen wollen.

Denken Sie an Ihre Zielsetzung und formulieren Sie diese. Beispiel: »Ich revolutioniere die sexuelle Beziehung zu meinem Mann durch meine eigene Initiative, indem ich ihn ganz bewußt verführe.«

Bestimmen Sie dabei schon die Tendenz, wie das geschehen soll: Nicht tierisch ernst, sondern fröhlich.

Stellen Sie sich vor, wie er vor Erstaunen anfangs gar nicht recht wissen wird, was da plötzlich los ist. Genießen Sie jetzt schon seine Überraschung.

Schmunzeln Sie bei dieser Vorstellung und malen Sie sich den Spaß weiter aus.

- Entwickeln Sie genüßlich die Details des Ablaufs.

– Die Einstimmung. Wie werden Sie die richtige Atmosphäre für Ihre Vorhaben schaffen? Wo soll die Verführung stattfinden? Womit beginnen Sie? Mit einem Schluck Wein im Wohnzimmer, oder warten Sie, bis er schläft, um ihn durch Berührungen zu erregen, noch ehe er aufwacht.
– Lassen Sie Ihrer Phantasie freien Lauf, wenn Sie sich ausmalen, wie Sie seine Erregung steigern, indem Sie sich ihm immer wieder mit ein paar lustigen Bemerkungen entziehen, wenn er schon jetzt zum Höhepunkt kommen möchte.

Vergessen Sie nicht: Lassen Sie keine Zweifel und Einwände zu. Die Realität ist nüchtern genug. Machen Sie Ihr fröhliches, unbekümmertes, siegessicheres Phantasie-Training nicht zur nüchternen Realität. Verschaffen Sie sich den Sieg auf jeden Fall in Ihrer Phantasie.

Und so phantasieren Sie weiter bis zum Ende der Vorstellung.

Das sind einige Hinweise zum Gebrauch Ihrer Phantasie als Motor des selbstbewußten Handelns ohne Angst.

Die meisten von uns sind nicht mehr gewohnt, ihre Phantasie so gezielt zu ihrem Nutzen einzusetzen. Dies liegt daran, daß unsere Phantasie ein Leben lang unterdrückt worden ist. Schon als Kinder in der Schule durften wir Kühe, Häuser und Bäume nicht so zeichnen, wie wir sie uns vorstellten. Wir mußten sie so zeichnen, wie »sie sind« oder wie »man« sie eben zu zeichnen hat.

Unsere eigene, ganz persönliche individuelle Phantasie wurde gleichgeschaltet.

Später, im Beruf, ging es uns nicht anders.

Die Firma, der Chef, die routinierten, automatisierten Abläufe des Berufslebens lassen nur wenig Raum für die freie Entfaltung der Phantasie.

Wir haben das Träumen verlernt.

Vor allem haben wir verlernt, die schönen, beglükkenden, positiven Träume zu träumen.

Wir haben vielmehr die ernüchternden, bedrückenden Dinge des Alltags unsere Phantasie beherrschen lassen.

Dabei ist unsere Phantasie der vielleicht einzige Bereich unseres Lebens, den wir ganz allein, hemmungslos, trotz jeder Unterdrückung von außen so gestalten können, wie wir es wollen.

Erschließen Sie sich wieder ganz bewußt diesen Bereich.

Lassen Sie es sich noch einmal sagen: Wenn alles in Ihrem Leben schiefgeht, wenn alles zusammenbricht, wenn nichts klappt, wenn sich die ganze Welt gegen Sie verschwört – in Ihrer Phantasie können Sie sich auch im größten äußeren Chaos ganz schnell Ihre persönliche Insel des Glücks schaffen.

So betrachtet, ist auch Ihre Phantasie eine Realität.

Sie ist die schöne Seite Ihres Lebens, die Ihnen niemand wegnehmen kann.

Machen Sie Gebrauch davon.

Entdecken Sie Ihre Phantasie als Ihren Helfer beim Erfüllen Ihrer Wünsche.

Lenken Sie Ihre Phantasie, bis Ihre Phantasie Sie im realen Leben lenkt.

*

Wir hoffen, daß alle diese ermunternden Botschaften Sie überzeugen konnten.

Die Aufgabe heißt: Trainieren Sie Ihre Phantasie. Lernen Sie, Ihren eigenen Trainingsfilm zu entwickeln und immer wieder vor Ihrem inneren Auge abzuspulen. Bis alles, was Sie tun wollen, ganz selbstverständlich wird.

Vergessen Sie nicht, daß zwei Prinzipien dabei wichtig sind:

- Sich durch keine Zweifel irritieren lassen.
- Nicht von vornherein mit einer möglichen Enttäuschung spekulieren.

Wir wünschen Ihnen viel Spaß beim Üben.

Sechste Spielregel

Beim fröhlichen Sex gibt es kein Mitleid, keine Gefälligkeit und keine Gleichheit.

Spielen Sie deshalb das Liebesspiel mit der festen Absicht, es zu gewinnen. Setzen Sie dabei alle Mittel ein, die Sie dem Ziel näherbringen.

Ehe Sie sich mit dem Inhalt dieses Kapitels vertraut machen, hier ein kurzer Rückblick.

Entspannen Sie sich vorher.

Nehmen Sie Ihr Arbeitsheft zur Hand und schreiben Sie auf eine freie Seite alle Punkte auf, die Ihnen zur folgenden Frage einfallen:

»Welchen sichtbaren Nutzen hat mir dieser Lebensschule-Band bis jetzt gebracht? Oder hat sich dadurch bisher überhaupt nichts in meiner Einstellung zum Sex und in meinem Handeln verändert?«

- Hat sich etwas verändert, haben Sie Fortschritte gemacht, ist der Nutzen erkennbar?
- Woran erkennen Sie diesen Nutzen?

- Ist es ein echter Nutzen, oder reden Sie ihn sich nur ein, um eine Rechtfertigung für die Mühe zu haben, die Sie sich machen?

Diese Anleitung zeigt nur auf, was Sie tun können, aber sie nimmt Ihnen weder das Handeln noch die Verantwortung ab.

Wenn Ihr Chef Ihnen einen Auftrag erteilt, den Sie nur halb erfüllen, weil er Ihrer Meinung nach falsch ist, dann können Sie den Mißerfolg Ihrem Chef anlasten. Was Sie hier und jetzt tun, dafür sind Sie allein verantwortlich. Übernehmen Sie diese Verantwortung.

Viele Menschen haben sich daran gewöhnt, für ihre Mißerfolge jemand anderen verantwortlich zu machen: die Gesellschaft, die falsche Erziehung, die Eltern, die Zeit, den Partner. Wenn Sie das weiter tun wollen, können Sie diesen Band zur Seite legen. Er bringt Ihnen nichts. Der Erfolg dieser Anleitung hängt davon ab, wie sehr Sie sich selbst motivieren.

Der größte Erfolg ist nur mit größtem Einsatz möglich.

Der größte Spaß am Sex kommt nur durch die totale Identifikation mit sich und dem, was Sie erreichen wollen.

Geben Sie sich nicht mit »ein wenig Glück« zufrieden oder dem, »was mir halt gelingt«. Identifizieren Sie sich total mit dem, was Sie wollen.

Und Sie *wollen* den größten Spaß am Sex. Zweifeln Sie nicht daran, daß Sie ihn haben *können*. Vielleicht nicht heute oder morgen.

Aber es ist besser, ein Ziel in fünf Jahren zu erreichen, als den Rest des Lebens nur auf einen Zufall zu hoffen.

Machen Sie sich deshalb nichts vor, wenn Sie jetzt die Antwort auf die Frage »Welchen sichtbaren Nutzen hat mir dieser Lebensschule-Band bis jetzt gebracht?« in Ihr Arbeitsheft schreiben.

Wenn Sie zu dem Schluß kommen: »Gar keinen«, dann lautet die nächste Frage: »Warum nicht?«

- Geben Sie uns die Schuld dafür?
- Geben Sie sich selbst die Schuld?
- Ist es überhaupt eine Frage von Schuld, oder gibt es in Ihnen eine Sperre, die Sie zurückhält?

Suchen Sie nach solchen Sperren.

Manche Leute gefallen sich beispielsweise ein Leben lang im Selbstmitleid des »geborenen Verlierers«, um eine permanente Entschuldigung für ihre Bequemlichkeit zu haben. Sie haben zwar schöne Ziele, sie möchten hoch hinaus, aber sie sind nicht bereit, für das hohe Ziel den erforderlichen hohen Einsatz zu leisten. Also geben sie sich mit Teilerfolgen zufrieden und bemitleiden sich selbst für ihr Versagen. Zusätzlich fordern sie die Umwelt zum Bemitleiden heraus. Sie erklären jedem, wie benachteiligt sie sind. Wie die anderen sie nicht verstehen, ihre Fähigkeiten nicht erkennen, sie immer falsch verstehen, nie auf sie eingehen.

Finden Sie Ihre Sperre und fällen Sie eine klare Entscheidung. Etwa die Entscheidung: »Sex ist Spaß. Nichts hindert mich daran, das als Ziel anzustreben, meine Freude zu stärken und keine wie immer geartete Ausrede zu gebrauchen.«

Es gibt keine Ausrede dafür, keinen Spaß am Sex zu haben.

Wie es keine Ausrede für Sie gibt, Spaß am Leben zu haben.

Wenn Sie damit beginnen, erst einmal Spaß im Lebensbereich Sex zu haben, kann das der erste Schritt zu mehr Lebensfreude im allgemeinen sein.

Lassen Sie uns also den nächsten Schritt vorschlagen, der Ihnen auf diesem Weg weiterhelfen kann.

Er besteht darin, sich mit der Konsequenz des Spiels vertraut zu machen, das Sie spielen wollen.

Ein Spiel hört auf, ein Spiel zu sein, wenn Sie – um nur ein Beispiel zu nennen – den Gegner aus Mitleid gewinnen lassen.

Im Liebesspiel gibt es keine Demokratie.

Wissen Sie, warum in unserer Zeit so viele Menschen in ihrem Sexualleben unbefriedigt sind?

- Sicherlich, weil sie sich nicht darüber zu reden getrauen.
- Aber ebenso, weil sie meinen, sie könnten durch vieles Reden das Handeln ersetzen.

Es mag für Sie ungewohnt klingen, aber es ist wichtig, daß Sie sich damit vertraut machen:

- Sex ist Spiel.
- Spiel ist Spannung.
- Spannung ist Überraschung.

Wenn Sie das Ergebnis eines Spiels von vornherein kennen, kann es nicht mehr spannend sein. Wenn Sie dem Gegner die Karten offen zeigen, gibt es keine Überraschungen mehr.

Sie sollten deshalb die Entscheidung fällen, das Spiel zu spielen, das Risiko des Verlierens auf sich zu nehmen, aber alle Möglichkeiten auszuschöpfen, um ans Ziel zu kommen. Das Ziel heißt: Spaß, Freude, höchste Befriedigung.

Machen Sie sich keine Gedanken darüber, ob auch Ihr Partner Spaß hat. Wenn Sie das Spiel richtig spielen, animieren Sie ihn ganz automatisch dazu, sich anzustrengen. Sie provozieren ihn, sein Bestes zu geben – für Sie und für sich selbst.

Noch einmal: Wenn Sie die Regeln des Spiels befolgen, brauchen Sie sich um den Partner keine Sorgen zu machen. Sie zwingen ihn geradezu, sich anzustrengen.

Ganz davon abgesehen, daß die meisten Partner im Sex-Spiel glücklich darüber sind, auf jemanden zu stoßen, der die Spielregeln kennt und anwendet.

Die Spielregel Nummer sechs lautet: »Setzen Sie alle Mittel ein, um ans Ziel zu kommen«.

Das Ziel heißt Spaß, Freude, Befriedigung.

Die Mittel können sein:

- Angreifen
- Bluffen
- Zurückziehen
- Verzögern
- Im unklaren lassen
- Irreführen
- Überraschen und überrumpeln.

Alles das sind Bestandteile eines Spiels, die es in Gang halten, damit es nicht eintönig wird.

Unendlich viele Ehepartner suchen anderswo Befriedigung, weil sie sich sexuell nichts mehr geben. Nicht, weil sie sich nichts mehr zu geben hätten. Keineswegs. Sondern ganz einfach, weil sie ihren Möglichkeiten und ihrem Bemühen zu enge Grenzen gesteckt haben. Weil sie sich durch zu viele Tabus einschränken lassen. Von all den »Das kann man doch nicht« und »Das ist doch unanständig« und »Das versteht mein Partner nicht«.

Es kann jedoch nicht der geringste Zweifel darüber bestehen, daß ein Partner, der die Spielregeln des Sex nicht befolgt, auswärts auch nicht mehr Spaß daran hat als zu Hause.

Ein gehemmter Liebhaber bleibt ein gehemmter Liebhaber, wenn er nicht die Hemmschwelle überspringt.

Um alle Möglichkeiten auszuschöpfen, seine Phantasie immer wieder einzusetzen und die Techniken anzuwenden, muß man dazu bereit sein. Die raffiniertesten Techniken nützen nichts, wenn wir nicht Gebrauch davon machen.

Wie man lernt, Gebrauch davon zu machen, davon war im vorangegangenen Kapitel die Rede: Indem wir die Phantasie als Hilfsmittel einsetzen und uns so lange positiv den Erfolg ausmalen, bis er sich einstellt.

Hier ist noch ein anderer Hinweis darauf, welche Möglichkeiten es im fröhlichen Sexspiel gibt: die »Spielfeld-Variationen«.

Manche Partner engen sich selbst ein, indem sie meinen, Sex dürfe nur im Ehebett stattfinden. Oder er dürfe nur als »großes Spiel« insziniert werden. Alles Vorgaben, die die Vielzahl der Möglichkeiten von vornherein beschränken.

- Das Sexspiel kann selbstverständlich eine »große Inszenierung« sein, in der die in dieser Anleitung empfohlene Ablaufdramaturgie in klassischer Weise ausgespielt wird.

- Aber immer nur diese eine Form anzuwenden, kann dazu führen, daß man dem Spiel ausweicht. Ganz einfach, weil man nicht immer in der dafür erforderlichen Stimmung ist.

Also sollte man die »Spontansex-Variante« spielen. Spontan, aber dafür vielleicht heftiger.

- Oder die »Überraschungssex-Variante«, an einem Ort und zu einem Zeitpunkt, wenn es der Partner überhaupt nicht erwartet. Sie können diese Überraschung ausnützen.

Wohlgemerkt: Das gilt für eine Frau genauso wie für einen Mann. Weil es selbstverständlich zu den Spiel-Möglichkeiten für die Frau gehört, sich Vorteile zu verschaffen, indem sie sich *nicht* so verhält, wie der männliche Partner es in seiner Frauenrollen-Vorstellung erwartet.

Das Gegenteil von dem zu tun, was der andere erwartet, ist überhaupt eine Variante, die Sie sich für Ihr Sexspiel merken sollten.

Sich zieren und zurückziehen, wenn der Partner sich bereits völlig sicher fühlt. Oder selbst zum Angriff übergehen, wenn der Partner Verteidigung erwartet.

- Auch wenn in dieser Anleitung immer wieder davon die Rede ist, weniger zu reden, aber dafür um so entschlossener zu handeln, sollten Sie diesen Rat nicht zum Prinzip erheben. Denn während des Spiels zu reden, kann neue Variationen eröffnen. Etwa die »Romantische Illusions-Variante«.

Sie besteht darin, den Partner durch Reden aus der Realität des Geschehens herauszulocken und mit ihm in eine Traumwelt einzutreten.

Hier ist die interessante Beschreibung eines Lebensschule-Seminar-Teilnehmers:

»Als ich eines Tages merkte, daß nach zwanzig Ehejahren zwischen meiner Frau und mir nicht mehr das vorhanden war, was man die große Liebe nennen könnte, dachte ich darüber nach, wie ich das ändern könnte.
Unser Sex war zu einer nüchternen Realität geworden. Wir vollzogen ihn routiniert. Jeder wußte ganz genau, wie das Beisammensein ablaufen würde. Vor allem passierte alles schweigend.
Es erschreckte mich, wenn ich mir vorstellte, wie meine Frau in jeder Phase sich denken würde: ›Jetzt kommt gleich das ...‹ oder ›Jetzt kommt er gleich zum Höhepunkt‹. Diese Realität machte mir geradezu Angst. Deshalb erinnerte ich mich an den Vorschlag, es mit der ›Romantischen Illusions-Variante‹ zu versuchen. Ich begann damit, meiner Frau zu sagen, was ich mir dachte, daß es sie verblüffen würde. Ich sagte: ›Wenn du wüßtest, wie ich dich noch immer liebe‹. Und ›Ich spüre dich, als wärst du ganz tief in mir drin‹, und solche verrückten Dinge.
Anfangs war meine Frau verblüfft. Dann wurde sie unsicher, bis ich deutlich merkte, daß es ihr gefiel. Sie nahm es nicht sonderlich ernst, weil sie irgendwie merkte, daß das alles auch für mich eher fröhlich gemeint war. Schließlich spielte sie das Spiel mit und wir hatten einen Riesenspaß dabei, verrückte Sachen

zu sagen, die eine ganz eigene neue Stimmung verursachten. Verrückt vielleicht, aber seither spielen wir dieses Spiel immer wieder.«

Nehmen Sie Ihr Arbeitsheft zur Hand und schreiben Sie einige Spielvarianten auf, die Sie sich bisher nicht zu spielen getrauten. Oder die Ihnen bisher gar nicht in den Sinn kamen.

Denken Sie nach. Geben Sie Ihrer Phantasie einen Stoß. Nehmen Sie dem Ausdruck »Sexphantasien« den negativen Beigeschmack, den er für viele Menschen hat. Phantasie ist die Voraussetzung für jede Art von Spiel.

Wer die Spielregeln kennt und seine Phantasie einsetzt, um möglichst viele Variationen bei deren Anwendung zu finden, hat die besten Chancen für den Sieg.

Fertigen Sie also eine Liste von Spielvariationen an, die Sie einsetzen möchten.

Glauben Sie uns: Sex braucht nicht mehr erfunden zu werden. Was wir allerdings erfinden müssen, sind Variationen des Spiels.

- Variationen des Eroberns.
- Variationen im dramaturgischen Ablauf.
- Variationen des Ortes, der Zeit und der Anwendung der naturgegebenen Möglichkeiten.

Das alles bedeutet, sich über den Durchschnittssex zu erheben und sein eigenes Spiel zu spielen.

Der Durchschnittssex, das ist die Verwissenschaftlichung dieses Lebensbereiches.

Wissenschaftler ermitteln, wie, wann und wo es die meisten der von ihnen befragten und beobachteten Partner tun. Dieses Mehrheitsverhalten wird als »richtig« suggeriert. Weil viele Menschen etwas tun, müßte es auch für uns gut sein.

Wir sollten uns allerdings Sex und den Spaß am Sex nicht verkaufen lassen wie ein Waschmittel: Weil es die Wäsche der ordentlichen Frau in der Fernsehwerbung weiß wäscht, sollten es auch wir verwenden.

Diese Tendenz ist das Ende des Spiels.
Sie läßt keine Variationen mehr zu.
Sie tötet unsere Phantasie.
Wir hören auf, das zu tun, was uns Spaß macht, und ahmen immer mehr nach, was »man« tut, weil es viele andere auch tun.

Die vorliegende Anleitung allerdings ist darauf aus, Sie dazu zu bringen, Ihr ganz persönliches Spiel zu erlernen, um sich Ihre Wünsche zu erfüllen.

Ein begehrter Liebhaber ist nicht einer, der das tut, was alle anderen auch tun. Eine begehrte Geliebte ist nicht eine Frau, die mit irgendeiner anderen ausgetauscht werden könnte.

Sich selbst und den Partner immer wieder neu zu überraschen, das macht die Freude am Sex aus.

Es schafft bei uns selbst die prickelnde Erwartung: »Was wird mir diesmal wieder einfallen?« Und der Partner ist neugierig, welche Überraschung ihn erwartet.

Das ist das Spiel.

Machen Sie sich dafür frei.

Denken Sie darüber nach.

Freuen Sie sich darauf, auszuprobieren, was Ihnen jetzt einfällt, wenn Sie an den Kopf eines Blattes in Ihrem Arbeitsheft schreiben: »Meine Liste der Sex-Spielvariationen«.

Hören Sie nie auf, diese Liste zu erweitern. Zu Ihrem eigenen Spaß. Und zum Spaß des Partners.

Siebente Spielregel

Bei Ihrem Bemühen um fröhlichen Sex stehen Ihnen fünf Hindernisse im Weg:

1. Die Illusionen über die Liebe.
2. Das Erwartungssyndrom.
3. Der Vergleich mit anderen.
4. Die Rollenblockade.
5. Die Moral.

Setzen Sie sich damit auseinander, statt sie unbewältigt vor sich herzuschieben.

Fröhlicher Sex ist ein Spiel. Wir müssen lernen, es zu spielen. Dazu ist es erforderlich, die Regeln zu kennen und immer besser zu beherrschen.

Genauso wichtig ist es, die Hindernisse zu kennen, die dem Spaß am Sex im Wege stehen. Eines davon, die Angst, kennen wir bereits.

Diese Hindernisse sind ein Ergebnis unserer Erziehung. Die Tendenz dabei ist fast immer negativ. Beispiele dafür sind Redensarten wie »Pfui, das tut man nicht« und »Das ist unanständig«. Unendlich viele Menschen in unserer kultivierten und zivilisierten Welt fanden nie eine natürliche Beziehung zum Sex.

- Niemand durfte wissen, daß sie sich heimlich selbst befriedigten.
- Haben Eltern sie dabei erwischt, wurden sie bestraft, verachtet oder beschimpft.
- Die ersten sexuellen Aktivitäten fanden unter Streß statt. Immer überschattet von der Angst, jemand könnte einen dabei erwischen.
- Mädchen wurden von der Angst beherrscht, sie könnten ein Kind bekommen.

Und so weiter und so weiter.

Auch später, wenn Sex schon längst Routine geworden ist, wird er noch von so vielen Vorgaben überschattet, daß er alles eher ist als Spaß.

Viele orientieren ihr eigenes Verhalten danach, was sie darüber hören und lesen. Sie lesen oder schauen sich Filme an, als Ersatz für etwas, von dem sie meinen, sie könnten es selbst nie erleben.

Wer sich nicht davon befreien kann, was »man« uns als richtig vorspiegelt, kann sich als Persönlichkeit niemals selbst verwirklichen. Natürlich auch nicht im Sex.

Die einzige Sicherheit, die es für den Spaß am Sex gibt, ist das ständige Bemühen nach Selbstbekenntnis. Zum Beispiel: »Ich stehe zu meinen Stärken und Schwächen und versuche nicht ein Leben lang, wie viele andere zu sein.«

- Das beste Rezept dafür, nicht enttäuscht zu werden, ist der Blick für die Realität der Gefühle und der Sexualität. Als bessere Alternative zur Illusion.
- Nur wenn wir selbst unsere Möglichkeiten erkennen und unser Handeln in dem Rahmen halten, der uns entspricht, sind wir am besten. Wenn wir versuchen, anderen nachzueifern, bleiben wir meistens nur deren schwacher Abklatsch.
- Wer sich nur danach richtet, wie man sein muß, um von anderen anerkannt zu werden, entfernt sich immer mehr von der einzigen Rolle, in der er einmalig ist: der Rolle seines wirklichen Ich.
- Wer alles Schöne im Leben immer wieder festhalten möchte, scheitert schon am Versuch, es richtig zu genießen. Denn kaum hat die Freude daran begonnen, fürchtet er schon wieder, es zu verlieren.
- Der gefährlichste Feind der unbekümmerten Freude am Sex aber ist die sogenannte Moral, von der niemand wirklich weiß, wo sie beginnt und wo sie endet.

Dieser undefinierte vage Begriff stellt jede Freude in Frage. Was immer wir auch tun, es ist vom Schuldgefühl überschattet, wir könnten etwas Verbotenes tun.

Wie Sie sehen, wird es uns tatsächlich nicht einfach gemacht, Spaß am Sex zu haben. Vorausgesetzt, wir lassen es zu, daß andere über uns bestimmen und nicht wir selbst.

Haben Sie Ihr eigenes sexuelles Verhalten schon einmal unter diesem Aspekt betrachtet?

Was an Ihrem bisherigen sexuellen Verhalten wurde von äußeren Einflüssen bestimmt? Also von Erziehung, von dem, was Ihre Freunde, Familie und Bekannten taten? Was entspricht dem, was Sie selbst tun möchten!

Teilen Sie es in Prozente ein: Wieviel Prozent Ihres derzeitigen sexuellen Denkens und Verhaltens werden von außen, von anderen bestimmt? Wieviel Prozent entsprechen dem, was Sie selbst möchten?

Alles, was wir anderen nachmachen, ist nur eine Imitation.

Wenn wir immer nur das tun, was andere uns als richtig einreden, verkümmert unser Ich mit seinen einmaligen individuellen Fähigkeiten.

Ich bin dann am besten, wenn ich so bin, wie ich bin.

Wir haben deshalb oft so wenig Spaß an einer Sache, weil wir es so tun, wie es andere machen, und nicht so, wie wir es selbst machen möchten.

Nicht so zu handeln, wie wir handeln möchten, verunsichert uns.

Deshalb muß jeder Versuch, unser Verhalten und unsere Einstellung zum Leben zu verändern, damit beginnen, daß wir uns fragen: Wer bin ich *wirklich,* was will ich *wirklich?*

So ist es auch beim Sex.

In dieser Anleitung wurde immer wieder versucht, Sie mit dieser Erkenntnis vertraut zu machen. Hat es genützt?

Haben Sie erkannt, daß Sie dann die größte Freude an Ihrem Leben haben, wenn Sie es nach *Ihren* Wünschen, Vorstellungen und Möglichkeiten führen?

Nach *Ihren* Möglichkeiten!

Das heißt auch, daß es gleichgültig ist, wie alt Sie beispielsweise jetzt gerade sind. Oder welchen Beruf oder welche Bildung Sie haben.

Was Ihnen die Freude am Sex nimmt, ist höchstens Ihre ständige Befürchtung: »Dazu bin ich zu alt« oder »Das kann ich doch nicht tun« oder »Das tut man doch nicht mehr in meinem Alter«.

Gehen Sie einfach davon aus, daß Sie in Ihrem Alter genau das tun können, was Ihnen jetzt den größten Spaß macht.

Wenn Sie sechzig sind, kann es Ihnen nicht den größten Spaß machen, so zu lieben wie ein Zwanzigjähriger. Was natürlich nicht ausschließt, daß Sie eine Zwanzigjährige (oder als Sechzigjährige einen Zwanzigjährigen) lieben und Spaß dabei haben.

Uns dazu zu bekennen, wer und was wir sind, und unser Leben danach auszurichten, das ist das Geheimnis.

Hier noch einmal die sechs Hindernisse, die uns immer wieder im Wegc stehen, Spaß am Sex zu haben. Prüfen Sie Punkt für Punkt, welche auf Sie zutreffen.

Schreiben Sie alles darüber in Ihr Arbeitsheft, was Ihnen dazu einfällt. Fragen Sie sich:

- Woher kommt es, daß mich dieser Punkt daran hindert, so zu sein, wie ich sein möchte?
- Wer hat mir gesagt, daß es *so* richtig ist?
- Warum bin ich nicht so, wie ich sein möchte? Was hindert mich wirklich daran?
- Was würde passieren, wenn ich so wäre, wie ich sein möchte? Wäre es nicht einen Versuch wert?

Viele unserer Hemmungen und Probleme werden nur deshalb nie gelöst, weil wir sie ein Leben lang vor uns herschieben. Wir lösen die Probleme anderer sofort – in der Familie, im Beruf –, nur uns selbst vernachlässigen wir.

Hören Sie damit auf und beschäftigen Sie sich mehr mit sich.

Nicht ab und zu, wenn Ihre Mitmenschen Ihnen Zeit dazu lassen, sondern an jedem Tag mindestens eine halbe Stunde.

Diese halbe Stunde Beschäftigung mit sich selbst an jedem Tag Ihres zukünftigen Lebens kann dieses Leben grundlegend verändern.

Wenn Sie erst einmal durch die Beschäftigung mit sich und Ihren Problemen mehr Spaß am Sex haben, wird Ihnen das mehr Selbstvertrauen geben. Mit diesem gesteigerten Selbstgefühl können Sie dann darangehen, auch anderen Lebensbereichen mehr Freude abzugewinnen.

Ist Ihnen dieser Zusammenhang bewußt?

Denken Sie noch ein wenig darüber nach, ehe Sie sich mit den sechs Hindernissen beschäftigen, die dem Spaß am Sex – und vielfach auch dem Spaß am Leben – im Wege stehen.

Hindernis Nummer 1: Die Illusion über die Liebe

Kaum ein anderer Begriff in unserem Leben ist so widersprüchlich wie der Begriff »Liebe«.

Die einen versprechen dem Partner Liebe, um ihn ins Bett zu locken. Oder in die Ehe. Andere heiraten, weil sie meinen, das tiefe Gefühl, die Liebe, sei der beste Garant für eine dauerhafte Partnerschaft.

Manche warten ein Leben lang auf die sogenannte große Liebe. Sie lehnen Partner, die sich Ihnen anbieten, als zu gewöhnlich, zu einfach, zu alltäglich ab. Also warten sie, bis nichts mehr bleibt als eine unerfüllte Illusion.

Andere sehen in der »Liebe« die unbegrenzte Kraft, die alle Probleme löst.

Wie denken Sie über die Liebe? Was erwarten Sie sich von ihr?

Sind Sie ein Illusionist oder ein Realist?

Klären Sie Ihr Verhältnis zu diesem Begriff »Liebe«.

Hier einige Schlußfolgerungen von Teilnehmern eines Lebensschule-Seminars:

- »Es ist besser, sich ständig um eine gute Partnerschaft zu bemühen, als sich darauf zu verlassen, daß durch Liebe eine gute Partnerschaft entsteht. Meistens scheitern die Liebesgefühle an der Realität, die eine gute Partnerschaft erfordert.«
- »Es ist besser, fröhlichen Sex ohne die große Liebe zu genießen, als auf Sex zu verzichten, nur weil man einen Partner nicht zu lieben glaubt.«
- »Ich ziehe aus vielen Enttäuschungen meines Lebens folgenden Schluß für die Zukunft: Nie wieder erwarte ich von den Liebesbezeugungen eines Partners mehr als den Spaß, den ich am nächsten sexuellen Beisammensein mit ihm habe.«

Das sind einige Erkenntnisse von Leuten, die darangingen, ihre Einstellung zu Liebe, Sex und Partnerschaft zu klären.

Vielleicht helfen sie Ihnen, wenn Sie sich jetzt selbst darüber Gedanken machen.

Entspannen Sie sich vorher.

Atmen Sie ruhig.

Hören Sie in sich hinein und ignorieren Sie die Probleme, die Sie noch vor einer halben Stunde beschäftigt haben. Tun Sie in der nächsten halben Stunde etwas nur für sich allein.

Denken Sie an sich und die Liebe. Stellen Sie sich Fragen.

Je mehr Sie über sich wissen, um so leichter wird es für Sie, Ihr Ziel zu erreichen und Veränderungen herbeizuführen.

Hindernis Nummer 2: Das Erwartungssyndrom

Erwartungen können als Motor unseres Handelns nützlich sein. Manchmal aber werden sie zum Hemmschuh.

- Wenn Sie sich auf jemanden verlassen, auf den Sie sich nicht verlassen sollten.
- Wenn Sie sich selbst zu viel zumuten. Sehr oft, weil Sie sich und Ihre Möglichkeiten zu wenig kennen. Dann hoffen Sie: »Es wird schon irgendwie gehen, ich schaffe das schon.«

Aber Hoffnungen sind keine realistische Grundlage für die Erfüllung von Wünschen.

Es ist besser, weniger zu hoffen und zu erwarten, dafür aber bessere Voraussetzungen zu schaffen.

- Wenn Sie nicht den Mut haben, sich selbst oder anderen einzugestehen, daß Ihre Fähigkeiten geringer sind, als man es von Ihnen erwartet.

Wenn Sie »ja« sagen, obwohl Sie genau wissen, daß Sie »nein« sagen sollten, weil Ihnen die Möglichkeiten fehlen, die zu hoch gesetzten Erwartungen auch zu erfüllen.

Schreiben Sie ganz einfach einmal alle Erwartungen die Ihr sexuelles Verhalten beeinflussen in Ihr Arbeitsheft:

- Welche Erwartungen setzen Sie in sich selbst? Sind sie realistisch oder sind sie übertrieben?
- Welche Erwartungen setzen Sie in den Partner? Sind sie realistisch oder überfordern Sie ihn damit?
- Welche Erwartungen setzen Sie überhaupt in Sex? Es könnte nämlich durchaus sein, daß Sie in Sex Erwartungen projezieren, die er nie erfüllen kann. Erwartungen wie Treue, Liebe, Sicherheit.

Vielleicht erwarten Sie, daß jemand anderer Sie selbstverständlich lieben muß, daß er Ihnen für alle Zeiten treu sein muß und daß Sie sich seiner Treue auch sicher sein dürfen – nur weil das sexuelle Verhältnis zu ihm Spaß macht und Sie befriedigt.

Prüfen Sie Ihre Erwartungen und machen Sie sich dabei nichts vor.

Denn die Erwartungen der Realität anzupassen kann Sie vor Enttäuschungen bewahren, die nicht selten dem Spaß am Sex im Wege stehen.

Hindernis Nummer 3: Der Vergleich mit anderen

Wissen Sie, was Vergleiche im Sex so gefährlich für Sie machen kann? Dies: Solche Vergleiche sind selten wirklich überprüfbar.

Sex gehört zu jenen Lebensbereichen, in denen unbeschreiblich viel gelogen wird.

Unerfüllte Wünsche werden in die Realität projiziert.

Jeder kann sagen, wie gut, wie ausdauernd und unwiderstehlich er ist, wenn es niemand überprüfen kann.

Vergleiche über sexuelles Verhalten dienen vielen Partnern als Instrument der Erpressung oder Entschuldigung.

- Wenn eine geschickte Frau einem ehrgeizigen Mann von vornherein sagt, ihr früherer Liebhaber sei große Klasse gewesen, kann das für den Mann ein Ansporn sein, mehr geben zu wollen, als er vielleicht kann.
- Wenn ein Mann einer Frau sagt, sie sei im Bett nicht so gut wie ihre Vorgängerin, kann sie diese versteckte Erpressung ermuntern, Dinge zu tun, die sie vielleicht gar nicht tun wollte.

In beiden Fällen kann der Vergleich die Betroffenen daran hindern, ungezwungen das zu tun, was ihnen Spaß macht, weil sie ständig von dem Gedanken belästigt werden, einem Vergleich gerecht werden zu müssen.

Wenn Sie allerdings wissen, was Sie selbst wollen und selbst den Ablauf des sexuellen Beisammenseins bestimmen, werden Sie kaum erpreßbar sein.

Erpreßbar sind vorwiegend Menschen, die sich immer nur danach orientieren, was *andere* für gut und richtig finden. Weil sie selbst nicht wissen, was für sie richtig ist.

Trifft das auf Sie zu? Oder hat sich etwas in Ihrer Einstellung dazu geändert, seit Sie diesen Lebensschule-Band studieren?

Denken Sie darüber nach, wann Sie zuletzt jemandem in die Falle gegangen sind, der gesagt hat: »Sei doch ein Mann, andere Männer würden nicht schlappmachen.« Oder: »Schau dir doch andere Frauen an. Die sind auch Hausfrauen und haben Kinder, aber im Bett sind sie hemmungslos.«

Schreiben Sie Beispiele aus Ihrer eigenen Erfahrung auf. Prüfen Sie: Ist es dem Partner gelungen, Sie mit seinem Vergleich zu manipulieren? Wenn ja, wie würden Sie sich heute in der gleichen Situation verhalten?

Hindernis Nummer 4: Die Rollenblockade

Ein Ergebnis unserer Erziehung sind die traditionellen Vorurteile:

- Eine Frau muß so sein, wie man sich eben eine Frau vorstellt.
- Ein Mann muß männlich sein.
- So war es immer schon.

Aber auch diese einseitigen Rollenerwartungen sind inzwischen nicht mehr sicher. Während Männer noch immer von den Frauen erwarten, daß sie fraulich sind, fühlen sich Frauen unter ihren wahren Möglichkeiten eingeschätzt. Sie haben an sich Stärken entdeckt, die lange genug von den Männern unterdrückt worden sind.

Wenn Sie also aus der vorgefaßten Frauenrolle fallen, verwirren Sie damit manche Männer. Ergebnis: Diese Männer werden verunsichert. Oder sie werden aggressiv, um ihre Position durch Stärke zu verteidigen.

Frauen erwarten von Männern, daß sie plötzlich Fähigkeiten zeigen, die sie von Kindheit an unterdrückten, weil sie nicht dem männlichen Rollenbild entsprachen. Ein Mann, der keine Gefühle zeigen durfte, weil das nicht männlich ist, soll plötzlich zärtlich sein.

Die alte und die neue Rolle können ein unüberwindbares Hindernis sein, Spaß am Sex zu haben – wenn man nicht ernsthaft definiert, welche Rolle man wirklich in seinem eigenen Leben spielen will. Die Rolle, die uns auf dem Leib geschrieben ist. Die Rolle des individuellen Ich, das unseren tatsächlichen Wünschen und Möglichkeiten, Fähigkeiten und natürlich auch unseren Schwächen entspricht.

Definieren Sie diese Rolle. Jetzt. Schriftlich. In Ihrem Arbeitsheft.

Hindernis Nummer 5: Die Moral

Was ist gut, was ist schlecht, was ist erlaubt, was ist verboten? Diese vier Fragen sind für viele Menschen der Grund, warum sie am Traum vom fröhlichen Sex scheitern.

Ständig sind wir Geboten und Verboten ausgesetzt. Und nie sind wir ganz sicher, daß wir unbeobachtet bleiben, wenn wir uns nicht daran halten.

Wenn wir selbst nicht klar und unmißverständlich festgelegt haben, nach welchen Maßstäben wir unser Verhalten richten wollen, dann sind wir vor allem im Sex immer der Drohung ausgesetzt: Was du tust, ist unmoralisch.

Auch wenn Verbote vor 2000 Jahren aufgestellt wurden, sie dienen noch immer als Maßstäbe unseres Verhaltens. Manche sind düstere Bekenntnisse zu Selbstzerfleischung und Leiden.

Sex, heißt es, kann nicht fröhlich sein. Er habe nur der Fortpflanzung zu dienen.

Auch wenn wir alle es inzwischen besser wissen, so steht die Drohung von der Schuld im Raum, die wir durch den Spaß am Sex auf uns laden könnten.

Auch wenn angeblich heute frei und offen über Sex gesprochen und geschrieben wird:

- So brauchen Lehrer für ihren Sexualunterricht Bücher, um ihren Schülern die natürlichste Sache der Welt zu erklären.
- So haben sich Psychologen, Berater, Therapeuten und Wissenschaftler etabliert, die über Sex so lange theoretisieren, bis das fröhliche Spiel zum wissenschaftlichen Experiment geworden ist, an dem nur noch die Therapeuten Freude haben. Statt die Betroffenen.

So wird die Moral von Wissenschaft und Statistiken untermauert: Richtig ist, was die Mehrheit tut, denn die Mehrheit handelt moralisch.

Haben Sie schon einmal darüber nachgedacht, was für Sie »normal« ist? Wer hat Ihnen beigebracht, was für Sie »normal« ist: Ihr eigenes natürliches Empfinden oder irgend jemand, von dem Sie nicht mehr recht wissen, wer er eigentlich ist?

Was ist »normal« und was ist »moralisch«? Was ist »pervers«? Wann muß man sich schämen?

Wann haben Sie sich zuletzt im Zusammenhang mit Ihrem sexuellen Verhalten geschämt?

Wann hatten Sie ein Schuldgefühl? Warum?

In welcher Weise hindern Sie Schuldgefühle daran, den Spaß am Sex zu haben, den Sie haben möchten?

Das sind einige der Fragen, die Sie für sich klären sollten. Nicht nur in Gedanken.

Schreiben Sie auf, was Ihnen dazu einfällt. Führen Sie Ihre Überlegungen schriftlich weiter.

Wenn Sie selbst Ihre moralischen Maßstäbe finden, können Sie damit nicht mehr erpreßt werden.

Stimmen Sie Ihre »Moral« mit der Realität Ihres Lebens ab. Denn die meisten Schuldgefühle entstehen dadurch, daß die Maßstäbe, nach denen Sie zu leben versuchen, für Sie unerfüllbar sind.

Wenn Sie ständig unerfüllbaren Maßstäben nacheifern, verlieren Sie an Selbstvertrauen und resignieren.

Wenn Sie sich Maßstäbe setzen, die Sie immer besser erfüllen können, steigt das Selbstvertrauen.

Sie werden ermutigt, Ihre Maßstäbe höher zu setzen und die Ziele weiter zu stecken – im Leben; natürlich auch im Sex.

Ein Ziel, von dem Sie wissen, daß es für Sie unerreichbar ist, nimmt Ihnen den Spaß am Bemühen, es zu erreichen.

Ein erreichbares Ziel zu haben, ist die Voraussetzung für ein Spiel, das Ihnen Freude macht.

Meistern Sie alle Hindernisse, die diesem Spiel im Wege stehen.

Sie werden sehen: Der Spaß am Sex kommt ganz von selbst.

Was Sie bedenken sollten, ehe Sie diese Anleitung aus der Hand legen

Wenn Sie diese Anleitung bis hierher gelesen haben: Glauben Sie nicht, daß sie Ihnen mehr bieten könnte als nur Lektüre?

Wenn Sie diese Anleitung bis hierher durchgearbeitet haben: Gratulation. Es ist fast unmöglich, daß Sie daraus keinen Nutzen für Ihr zukünftiges Leben gezogen haben.

Eines sollten Sie allerdings nicht vergessen: Was wir ein Leben lang falsch gemacht haben, können wir nicht von heute auf morgen richtig machen.

Wir haben die Regeln der Mitwelt tagtäglich von Jugend an gelernt. Genauso müssen wir Tag für Tag etwas tun, um uns die ganz persönlichen Spielregeln für unser Leben oder den Lebensbereich Sex zu lernen.

Lernen heißt, immer wieder zu üben.

Denn, wie Sie wissen, geschieht nichts von selbst.

Es bleibt auch nichts von selbst erhalten, das wir einmal gelernt haben. Wir müssen es weiter pflegen, erweitern, trainieren.

Beschäftigen Sie sich auch von morgen an, wenn Sie diesen Band der Lebensschule in den Schrank gestellt haben, weiter täglich eine halbe Stunde mit sich.

Machen Sie aus der Lebensschule, die Ihnen dieser Band zu vermitteln versuchte, Ihre ganz persönliche Lebensschule.

Lernen Sie selbst.

Motivieren Sie sich selbst.

Loben Sie sich selbst, wenn Ihnen gelungen ist, was Sie sich vorgenommen haben.

Wir wünschen Ihnen dabei viel Spaß.